NEW
MANAGEMENT
平台化管理
IN
DIGITAL

数字时代企业转型升维之道

ERA

忻榕 - 陈威如 - 侯正宇 - 著

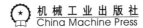

机械工业出版社
China Machine Press

图书在版编目（CIP）数据

平台化管理 / 忻榕，陈威如，侯正宇著. —北京：机械工业出版社，2019.9（2023.6 重印）

ISBN 978-7-111-63676-2

I. 平⋯　II. ①忻⋯　②陈⋯　③侯⋯　III. 企业管理　IV. F272

中国版本图书馆 CIP 数据核字（2019）第 192143 号

平台化管理

出版发行：机械工业出版社（北京市西城区百万庄大街 22 号　邮政编码：100037）	
责任编辑：冯小妹	责任校对：殷　虹
印　　刷：涿州市京南印刷厂	版　次：2023 年 6 月第 1 版第 10 次印刷
开　　本：170mm×230mm　1/16	印　张：17
书　　号：ISBN 978-7-111-63676-2	定　价：79.00 元

客服电话：（010）88361066　68326294

版权所有 • 侵权必究
封底无防伪标均为盗版

目 录

NEW MANAGEMENT IN DIGITAL ERA

序言

第一章 数字时代的管理挑战

一、数字时代管理的四大挑战 / 003

    1. 挑战一：人类工作智能化 / 003

    2. 挑战二：领导、员工、用户关系日益模糊化 / 005

    3. 挑战三：企业组织日趋复杂 / 009

    4. 挑战四：新生代追求个性化 / 011

二、平台化管理的崛起：管理的无边界延伸 / 018

三、掩卷之思 / 023

第二章 平台化管理之魂

一、升维与突围 / 026

1. 升维 / 029
2. 领导者思维升维 / 034
3. 战略升维 / 038
4. 文化升维 / 041
5. 战略突围：构建三维空间中的平台化企业 / 044

二、微粒与重构 / 047

1. 分子分解 / 055
2. 原子聚合 / 056
3. 原子裂变 / 057

三、平台化管理的"五化模型" / 061

1. 关系多样化 / 062
2. 能力数字化 / 062
3. 绩效颗粒化 / 063
4. 结构柔性化 / 064
5. 文化利他化 / 064

第三章 关系多样化

一、数字时代现有关系之困 / 069

1. 部门与部门的关系之思 / 070
2. 企业与个人的关系之谜 / 071
3. 企业与企业的关系 / 076

二、数字时代的多重关系 / 078

1. 数字时代信息更为透明 / 078
2. 组织内外信息通透，才能有开放的心态 / 079
3. 开创云端办公时代 / 081
4. 数字时代，开放、平等、协作、共享对组织和员工关系的影响 / 082

三、数字时代的新型关系 / 083

四、多样化关系的特点 / 084

1. 权力：共享 / 084
2. 能力：共炼 / 086
3. 心力：共情 / 089

五、多样化关系之践 / 091

1. 建立互相成就的知识分享体系 / 091
2. 构建相应的组织结构 / 095
3. 透明激励体系的重构 / 096
4. 构建管理者共情的"万有引力" / 098
5. 构建企业超级用户体系和品牌合伙人体系 / 100

第四章 能力数字化

一、传统企业的能力之困 / 108
1. 集权化管理的弊端 / 108
2. "信息孤岛" / 108
3. 激励制度的缺陷 / 109
4. "拍脑袋"决策 / 110
5. 不可持续的增长 / 111

二、平台化企业能力特点 / 114
1. 大量自主小前端 / 114
2. 大规模支撑平台 / 116
3. 生态体系领导力 / 119
4. 自下而上的创业精神 / 126
5. 快速迭代的变革管理能力 / 127

三、平台化企业能力模型 / 130
1. 数据智能 / 131
2. 微粒化组织能力 / 132
3. 社会资源共享能力 / 135
4. 生态化能力 / 136

第五章 绩效颗粒化

一、现有绩效管理之困 / 143
1. 现有绩效管理体系 / 143
2. 现有绩效管理之困 / 147
3. 现有绩效问题之因 / 148

二、寻找解决之道 / 152
1. OKR 真的是万能钥匙吗 / 152
2. 数字技术是"救命稻草吗"/ 157

三、平台化绩效管理的特点：绩效维度的颗粒化 / 158
1. 公平性 / 160
2. 实时性 / 162
3. 多元性 / 164
4. 系统性 / 166

四、平台化管理的绩效实施 / 168
1. 数据从何而来 / 170
2. 信息层面：借助技术手段，全程持续管理 / 173
3. 分析层面：机制协同，快速响应 / 175
4. 解析层面：绩效管理的平衡点在于价值创造 / 176
5. 强调绩效管理的"绩效提升功能"/ 177

第六章 组织柔性化

一、传统组织结构之思 / 182
1. 职能型组织结构 / 183
2. 分布型组织结构 / 183
3. 矩阵型组织结构 / 184
4. 网络型组织结构 / 185

二、柔性化组织结构的特点 / 186
1. 分立与统合 / 187
2. 敏捷与稳健 / 189
3. 科技与情感 / 190

三、组织微粒化 / 191
1. 组织微粒化之路：实现柔性化 / 191
2. 柔性化组织结构的形式 / 194
3. 传统企业的平台化转型路径 / 201

第七章 文化利他化

一、企业文化的基本定义 / 210

二、传统企业文化之困 / 212

    1. 企业文化不是喊出来的 / 212

    2. 不落地的浮夸文化对企业的负面影响巨大 / 213

三、平台化企业的文化共性 / 214

    1. 开放与秩序 / 215

    2. 创新与守成 / 219

    3. 灵活与规则 / 220

    4. 专业与尊重 / 222

四、平台化企业的文化特性 / 223

    1. 利他 / 225

    2. 赋能 / 227

    3. 通透协作 / 229

    4. 共赢 / 230

五、共建升维利他的企业文化 / 232

    1. 绘制愿景、使命与价值观 / 232

    2. 领导认知与集体升维 / 235

    3. 倡导企业集体的共识 / 236

    4. 通过培训达成集体共识 / 238

    5. 结合晋升机制 / 240

结束语 / 243

致   谢 / 249

序 言

NEW MANAGEMENT IN DIGITAL ERA

数字时代缩影一 | 美国金融公司高盛的交易员无疑曾经是世界上最好的职业之一,现如今的境遇却是时乖运舛。据《麻省理工技术评论》报道,2000年顶峰时期,高盛在纽约总部的美国现金股票交易柜台有600名交易员服务大额订单,进行股票买卖操作。但时至如今,这里只剩下两名股票交易员"留守空房",由于人工智能"高歌猛进",不断冲击着传统的银行交易,不少银行交易员的工作都被自动化算法取代。这并不是个例,甚至可以说,此情此景每天都在上演。人工智能的发展让深度学习等各种算法大放异彩,持续"攻占"人类的优势领域。

白领专业人士未来的工作形态及技能所需将会如何改变?

数字时代缩影二 | 京东在广东东莞的分拣中心有300多台分拣机器人,它们每天不分昼夜地工作,井然有序地取货、扫码、运输、投货,每小时能够运送多达12 000件

的货物。这个分拣中心原本需要3000多名员工，如今人数却不超过20人，直降99.3%。相较于传统的分拣线，分拣机器人全天的效率和作业质量都有了显著提升，只要有这些小机器人便可以24小时持续工作。此外，与人工作业相比，现在的工作环节也从6个减少到3个，骤减一半。[一]

体力劳动者的未来工作形态及岗位来源将会如何改变？

数字时代缩影三 ｜ 亚马逊公司的土耳其机器人将计算机无法完成的无数琐碎的脑力工作自动化。亚马逊土耳其机器人是一种**众包人力资源网络平台**，能使用计算机程序员调用人类智能来执行目前计算机尚不足以胜任的任务。平台有两类参与者，"请求者"发布工作任务并设定工作报酬，"工作者"完成任务并获得报酬，每个工作任务都被称为"人类智能任务"。亚马逊土耳其机器人可在企业业务需要时随时使用"人力市场"中的人力，通过全球人力资源可让企业的各种技能需求得到满足，在轻松完成工作任务的同时无须增加企业内部人力成本。[二]

未来的人们是否会觉得工作众包的方式更有弹性、更自由、更令人喜欢？

数字革命催生的新型商业模式逐步从根本上改变着我们生活中的各种关系，也逐渐撬动了旧有模式下的社会结构和管理理念与方式。工作对于我们来说越来越像是和公司之间的一系列交易，而非持久的关系。[三]在技术的驱动下，组织关系变革的速度远超预期。我们身处

[一] 引自CCTV财经报道《经济半小时》新闻报道：京东广东东莞麻涌机器人分拣中心。
[二] 素材来自商业福布斯中文网，http://3g.forbeschina.com/review/201106/0010029.shtml。
[三] Daniel Pink. Free Agent Nation [M]. Gladesville: Business Plus, 2002.

如此错综复杂的商业世界，它不简简单单是行业巨头们纷争的世界，不仅仅是各个行业相互依赖的世界，也不只是跨界竞争的世界，而是以上种种形态的叠加；而参与者们的选择也不再简单是二元选择，雇用或者被雇用，而是这些选择的重组甚至并存。例如，我们既可以是滴滴的司机、爱彼迎的房东，也可以是淘宝的商家、企业的职员。谁说历史的选择只有一种，让我们先来聚焦朱莉和张勇的选择。

朱莉的选择

> 我就是要在自己还能折腾，还有条件折腾的前提下，
> 探究自己的人生最大极限在哪里。——朱莉

清晨 6:30，清脆的闹钟准时响起，朱莉起身习惯性地打开手机中的"时光日历"查看今天的日程安排，并浏览一下"人力云"[1]中尚未完成的工作任务，回想起上班通勤时的早晨就像打仗一样紧张，如今自由职业者的生活倍感惬意，给女儿和先生准备营养搭配均衡而可口的早餐成为最幸福的时光。这是朱莉的选择，也是这个数字时代赋予的新生活方式。

朱莉曾是一家"世界100强"企业的资深高管。在公司服务的25年，她从一名普通的人事专员一路成长为人力资源总监，在职业生涯的巅峰时期急流勇退，开启人生旅途的全新篇章——自由职业者。

当问及朱莉从前在外企做高管和现在做自由职业者有哪些不同，又有哪些收获，她回答："其实工作的内容没有很大不同，只是借助应用平台提高了效率。此外，工作形式也发生了改变，从服务一家公司到服务多家公司。"她还谈道，"工作中，自由职业者的阶段性强度反而会更高一些，因为在企业时需要花费更多时间与组织配

---

[1] 一个人力资源服务云平台的手机端应用。

合，效率常受组织的流转速度影响。另外，成为一名优秀的自由职业者也意味着在完全属于自己的时间里需要更加自律，以防在松散的节奏中沉沦。这种自我掌控的成就感就是最大的收获之一。"

我们正在经历一场弹性工作革命，类似"人力云"的平台催生了全球人力资源离岸外包，萌发了人力众包等新的工作关系。任何人只要接入互联网人力资源平台就可获得工作。几十年如一日从事一份工作或者终生就职于一家企业的时代正渐行渐远，我们的选择可以是不同时期从事多种工作、服务于多家企业，也可以是同时从事多种工作、服务于多家企业。传统过度专业化的工作会弱化我们对工作的成就感，过度陷于窄频搜索会削弱我们对一般普遍性原则的判断力。伴随着数字革命成长起来的千禧一代（1982～2000年出生的人）步入职场后，更是感觉到企业的工作限制了他们寻求生活意义与目标的能力。身处如今这界限日益模糊的时代，越来越多的人选择"斜杠"人生（即个人同时担任多种职业、多种角色），渴望有目标地参与，追求的不仅是工作与生活的平衡，更是二者的水乳交融、交相辉映。互联网人力资源平台极大地丰富了我们的工作内容，增加了职业多样化。

张勇的选择

> 岁月何曾饶过谁？人到中年危机四伏，面对时代的挑战，必须全情拥抱变化，始终保持旺盛的学习能力。——张勇

与朱莉不同，她的校友张勇结束了一天忙碌的工作后略感疲惫，入睡前他的脑海里仍萦绕着无头思绪——时刻都在享受着互联网云平台便利的同时，面对着商业社会平台效应的加剧、颠覆性变革的随时来袭、创新性事物的横空出世和互联网巨无霸的跨界"打劫"，人到中年的张勇倍感紧迫。随时袭来的危机以及被时代抛弃的担心，都不免让他产生莫名的焦虑，甚至难以入眠。这是这个迅猛迭代时代的馈赠，也是每个人必须应对的挑战。

张勇曾是一位国有企业高管，如今是一家民营企业的副总裁，尽管仍身居高位，但他的工作方式比起以往已是大相径庭。不同于以往需要去各个分公司、子公司巡视，甚至常年往返各地出差，现在张勇在手机上就可以移动办公，使用"钉钉"企业管理微应用软件，随时随地与全国各地的同事和客户进行多人电话会议，提交和审批各种申请；使用"Trello"协同应用软件，随时随地查看全球各个团队中每个成员的工作任务完成的进度，及时检验团队协作成果并进行针对性指导。管理应用软件颠覆了张勇以往的管理方式，提供了更准确、实时的关键信息，帮助张勇及时了解团队动向，调整战术和鼓舞士气，让日常管理更加便捷、精准和通透。伴随着这一切便利的同时，他也有种莫名的危机感——应用软件日新月异，管理方法层出不穷，他必须时刻保持旺盛的学习能力，迅速在这快速变革的时代中明确前进方向，不敢存有任何侥幸。

是的，如今我们生活在一个高度互联互通的世界，信息和人的流动速度无不倍增。身处其中，企业的强弱不仅取决于资产和规模

等因素，还与其他企业、组织和个人的互联程度密切相关。随着互联互通对企业商业模式的重新塑造，传统的企业间的竞争也慢慢被"迭代创新"所取代，取胜的关键就是不断强化其创新优势，保持永远处于"新陈代谢"的状态。同时，企业的管理者需要切换管理模式，从之前的管理、监督和控制转变成协助、赋能和成就；管理者不仅要持续学习，还需要对员工进行培训并营造适应环境的学习氛围，激发每位个体的创新能力。

数字时代下的多重变化

　　Facebook 历经六年达到 10 亿美元的营业收入，而谷歌只用了五年。㊀ "老大哥"亚马逊从名不见经传的书商迅速壮大为年营业收入突破 1000 亿美元的零售巨头。㊁ 与此形成鲜明对比的是企业的平均寿命在迅速缩短，标准普尔 500 指数的企业平均寿命从 60 年下降到 18 年。㊂ 据美国《财富》杂志统计，美国约 62% 的企业寿命不足五年，世界 500 强企业平均寿命也只有 40 年。著名管理大师彼得·德鲁克曾言："当今企业之间的竞争不是产品之间的竞争，而是商业模式之间的竞争。"企业变革的速度在加快，幅度在加深，范围也在拓宽。企业管理者惊讶于颠覆和创新速度的同时，必须持续不断学习，调整并质疑自己对于成功经验的认知和以往可行的运营模式。

　　随着数字技术不断渗透，从互联网的崛起到移动互联网的广泛应用，再到人工智能的初见端倪，技术对各行各业都带来了巨大冲

㊀ 参考《经济参考》专栏文章《第四次工业革命特别报道》，作者不详。具体见 http://jjckb.xinhuanet.com/2016-06/16/c_135440668.htm。

㊁ 资料参见南方财富网文章《福布斯 2018 全球富豪榜 2018 全球富豪榜排名一览表》，具体见 http://www.sohu.com/a/234622966_119746。

㊂ 参考《经济参考》专栏文章《第四次工业革命特别报道》，作者不详。具体见 http://jjckb.xinhuanet.com/2016-06/16/c_135440668.htm。

击。维克托·迈尔–舍恩伯格在《大数据时代》一书中举例，谷歌利用人们的搜索记录挖掘数据二次利用价值，比如预测某地流感爆发的趋势；亚马逊利用用户的购买和浏览历史数据进行针对性的图书购买推荐，以此有效提升销量；Farecast利用过去10年所有的航线机票价格打折数据来预测用户购买机票的时机。在数字时代，企业从数据层面理解客户痛点，快速响应客户需求，深度发掘客户潜在价值。

数字时代具有"活在当下"的实时性特点，企业的核心竞争力取决于获取和利用数据的能力，以完善产品功能和增强产品体验，从而实时响应客户需求。阿里巴巴在2018年"双十一"大型促销活动中再创新高，完成一天2135亿元的交易金额，仅15小时就超过2017年全天1682亿元的交易额。⊖除了电商巨头阿里巴巴，其他各大电商平台在年度促销中都有巨大的收获，这些震撼人心的数字不禁让人感叹数字时代互联网平台的规模效应，电商从各个方面调动消费者购买力的能力也令人折服。

探究其因，是电商平台上的各大品牌商纷纷借助阿里巴巴后台数据库构建强大的消费者数据银行，形成消费者资产后通过数据建模分析对潜在客户群进行针对性的全媒体营销、全渠道销售和全链路服务。阿里巴巴构建以消费者为中心的全媒体矩阵，在生活的各个角度、各个维度调动消费者的购买欲望；线上和线下全渠道打通，方便消费者随意在任何渠道都可以购买到心仪的产品；从营销—销售—供应链—物流全链路进行消费者服务和运营，让消费者随时随地都可以查看到商品信息和服务信息。阿里巴巴的商业操作系统对零售进行数字化转型，重构人、货、场，将数字技术植入整个产业

⊖ 李丹. 2018双十一收官：天猫成交额达到2135亿元！同比增27%［EB/OL］.［2019-07-01］. 华尔街见闻. https://wallstreetcn.com/articles/3435709?ivk=1.

链，优化消费者体验，提升品牌商效率，增加交易量。

阿里巴巴的互联网平台以运营数字业务为核心，匹配多种产品和服务的买家与卖家，从而获得网络规模收益，并通过构建数据银行，沉淀消费者数据资产，更精准地服务买家与卖家，撮合更多交易。买家通过平台获得更高的价值和更多便利，支付更低成本；卖家通过平台触达更多消费者，进行更精准的营销，同时也做更具针对性的产品研发。数字技术不仅提高销售，降低成本，还从根本上改变了做生意的方式。企业如能将数字技术、物理空间和生物人三个领域很好地整合，就可成功撼动甚至颠覆整个行业，以及相关生产、分销和消费体系。数字时代，平台化企业的竞争优势基于优质的用户体验、更低的交易和摩擦成本、更快捷的需求匹配与供给。

未来的企业管理者如何带领团队基于用户喜好来制定决策？如何教会每个团队成员利用数字化工具，让团队协作进行全链路、端到端的整合服务？企业的领导者只需要管理自己的企业，还是需要有整个生态圈的领导力？

数字技术让这些成为可能

朱莉和张勇的故事是这个时代两片横切面式的掠影，但科技的日新月异对于生活和工作方式的促进与变革可见一斑。而结合当下的发展与变革速度，这些转变可能还只是个开始。

一场影响深远的大变革已悄然展开，不断渗透到商业社会的各个角落，各项重大技术创新在全球范围内掀起波澜壮阔的巨变，冲击着我们所熟知的工作方式与管理实务。例如，传统的合同签订是一个烦琐的过程，需要合同双方邮寄纸质合同签字盖章。如果使用电子合同，不仅合同的签订过程简化，时间周期被大幅度缩减，而且合同管理和检索也被优化，减少纸质合同存储空间，通过系统也可随时调用已经签订的合同而不需要再找合同管理员查询。

互联网应用平台为我们提供了前所未有的多样选择，并让这些选择成为可能，从根本上改变着我们与工作的关系、企业与用户的关系、企业与企业的关系，也改变着我们的生活方式。智能手机、移动互联网和成千上万的应用软件让我们生活得更轻松，提高了我们生活的效率。应用平台使得多方沟通与交流变得便捷，促进了社会协同，提高了社会总体的工作效率。

未来，随着数字化渗透程度的逐步提高，企业将会把部分或整体业务迁移到云端实现平台化。未来的工作会越来越碎片化，企业将把专业工作细分为多个精确的任务和彼此独立的项目，上传到人力资源云平台由来自世界各地的工作者完成。这些在人力资源云平台上完成任务的工作者不再是传统意义上的企业员工，而是从事特定工作的独立个体。工作的智能化程度也越来越高，企业将会逐步减少全职人员的录用，尽可能用人工智能机器人来满足工作需求。企业的平台化并不只是纯粹的数字技术的应用，其核心是应用数字技术重新诠释业务和管理。对于传统企业而言，可以通过数字化业务模式的重构实现平台化转型，对供应链和产业链的再造实现平台化战略，通过数字技术驱动企业管理实现平台化管理。

第一章

数字时代的
管理挑战

NEW

MANAGEMENT

IN DIGITAL

ERA

每一种新技术都可能带来商业模式与社会制度的变革，在市场的自然选择下，成本最低、效率最高、价值最大化的商业模式自然成为商业社会的进化方向。数字技术正在全球范围内掀起势如破竹、波澜壮阔的大变革，颠覆着我们工作、生活与互联互通的方式，也颠覆着企业传统的管理方式。数字技术在赋予我们更多选择的同时，也带来诸多挑战。随着数字革命不断深入，一些工作会兴起，而另一些则会消失。人工智能机器正在取代那些简单、机械和毫无创造性的工作，工厂中的自动化机器人正在取代大批的工人，互联网人力资源云平台引发了个体与企业之间的新型关系，基于社群的新零售平台所构建的"超级用户"萌发了企业与用户之间的新型互动，企业传统的管理方式正面临前所未有的挑战。

一
数字时代管理的四大挑战

1. 挑战一：人类工作智能化

由谷歌旗下 DeepMind 公司戴密斯·哈萨比斯领衔的团队开发的阿尔法狗（AlphaGo）在 2016 年 3 月与围棋世界冠军、职业九段棋手李世石进行围棋人机大战，以 4∶1 的总比分获胜；2016 年年末，其与中日韩数十位围棋高手进行快棋对决，连续 60 局无一败绩；2017 年 5 月，与排名世界第一的世界围棋冠军柯洁对战，以 3∶0 的总比分获胜。围棋界公认阿尔法狗围棋的棋力已经超过人类职业围棋顶尖水平。

里约奥运会上，今日头条的新闻机器人小试锋芒，在奥运会开始后的 13 天内，共撰写了 457 篇关于羽毛球、乒乓球、网球的消息简讯和赛事报道，每天 30 篇以上，不仅囊括了从小组赛到决赛的所有赛事，而且其发稿速度比肩电视直播。[一]

这样的事每天都在发生。霍金说："强大的人工智能的崛起，要么是人类历史上最好的事，要么是最糟的事。"人工智能和机器学习结合统计学和管理学，整合数据的供应和处理能力，开发出语音识别、图像分类、机器翻译和问答系统。随着这些技术的发展，它们从实验室研究走到商业社会，带来巨大经济利益的同时，也颠覆着企业原有的经营和管理方式。

一个名为 ConceptNet4 的人工智能语言系统通过了智力测试，其表现要优于大多数四岁孩童，而就在三年前它还无法与一岁孩童的水平相比。如果摩尔定律能够继续保持过去 30 年的发展速度，

[一] 参见文章《马云：人工智能取代人类工作已成定局，什么职业能够幸免？》，作者不详，来源于 http://www.sohu.com/a/236656524_654279。

那么在2025年计算机的中央处理器就会具有和人类大脑一样的信息处理能力。据英国BBC报道,中国香港一家投资生命科学、癌症、年龄相关疾病以及再生医药的研究的风险投资公司,任命了一个名为vital(意为"推动生命科学的有效投资工具")的人工智能算法为其董事会一员。人工智能擅长模式匹配及自动化处理,通过数据的收集、分析和挖掘形成数据智慧和洞见,这些数据智慧和洞见能够对企业的日常管理工作和决策过程提供定量化的精准支持。它的崛起将逐渐替代需要重复决策的脑力工作。随着计算能力持续快速增强,许多其他职业也会逐步实现自动化,如律师、金融分析师、记者、医生和会计师等。

除了身体能力,机械性、可重复的知识性脑力劳动,甚至较为复杂的分析工作,都有可能被智能机器取代。例如现在的自动写作技术,复杂的算法可以根据受众特点生成相应风格的文章,其成果宛如出自人类手笔。美国自动写作技术公司(Narrative Science),一家专业研发创作自动生成的技术公司,其创始人大胆预测,到21世纪20年代中期,90%的新闻将通过算法生成。㊀

据统计,全世界所有企业的商业数据总规模平均每1.2年就会翻一番。**大数据和人工智能未来将会广泛运用到企业管理中,让企业的决策过程快速而精准**。人工智能根据数据资料和历史经验构建出数据模型进行演绎推算,针对问题给出有效建议,快捷制订具体方案,并自动完成复杂决策,形成自动化决策能力,从而帮助管理者实现"降本增效"。未来企业管理将更多运用数据驱动进行理性决策,减少决策过程中的主观因素,减少偏见,消除非理性繁荣,并优化一些过时的官僚机构。数字信息技术和其他颠覆性技术的创

㊀ 克劳斯·施瓦布. 第四次工业革命[M]. 世界经济论坛北京代表处,李菁,译. 北京:中信出版社,2016.

新需要通过取代现有的人工来提高整体运营效率。

企业的管理方式将随着智能化进程的深入而不断升级，具体体现在——利用大量实时沉淀的数据进行智能化决策。在企业的决策和运营模式中，数据即将发挥前所未有的关键作用。数据是"人工智能机器人"行动和自我改善的原动力，如同一位企业主管，根据事实做出决策并完善之。企业应该构建数字化的管理系统为机器学习搜集海量数据，让人工智能系统得以统计并处理海量的关联关系，从而最终形成针对特定数据进行智能分析的算法，并持续迭代。

数字时代，计算机的运算能力不断增强，硬件价格持续下降，使得智能传感器得到广泛应用，几乎所有东西都可连接到互联网，并实现智能化。**企业建立用户数据中心，用实时数据来分析和研究用户真实需求，促进企业与用户间更广泛的交流，数字驱动的新型服务将越来越普遍**。企业将通过多种渠道挖掘用户的行为数据，从细节上理解用户消费的全过程，从而针对用户真实需求做出更好的产品，并以最精准的方式送达用户，提供个性化服务。未来无处不在的智能传感器将促进万物互联，使人们充分感知周围环境。数字化模型将成为商业社会的积极参与者，提供监控、管理与预测的精准数据，引导管理模式的创新。例如，很多公司之前对业务人员的考勤、外出和出差难以管理，如果使用了智能考勤系统，考勤管理将被大幅度简化。智能考勤系统融入人脸识别技术，对业务人员的进出公司情况实时掌握，系统自动把外出和出差状态做匹配，为上级、人事部门掌握和管理业务人员工作动态提供精准数据。借助类似于智能考勤系统的数字化运营管理系统，传统监控手段、管理方式和管理能力都将被重构。

2. 挑战二：领导、员工、用户关系日益模糊化

随着数字变革的不断深入，企业在管理上同步进行创新和改革，

正在彻底改变人与组织之间的互动与协作方式。数字时代，关系日益模糊化：从雇用关系到合作关系，到产销关系再到超级用户，传统商业社会原本清晰的边界都在逐步消失。

有人把人类分成两种，一种是拥有生产工具的人，另一种是为前者工作的人。随着科技发展和社会进步，自由职业者的规模不断扩大，世界上出现了真正意义上的第三种人，即自己为自己工作的人——自由职业者。**数字时代，得益于就业市场数字技术的不断渗透，平台赋能个体零成本创业，成为自由职业者的门槛越来越低。**传统意义上的就业正在发生重大变革，改写着自工业时代起确立的传统雇用关系。类似"人力云"和"亚马逊土耳其众包机器人"这样的人力资源云平台使得企业可以在任何时间，按照需要的方式找到想要的任何人，而且那些人还不是企业的雇员。企业的边界日益变得模糊，企业的组织结构将具有更多的弹性、灵活性和流动性。

于员工而言，他们日益需求个体的独立性和工作带来的意义，工作动机从外部驱动力逐渐转向自我驱动力。未来企业和员工的根本关系将发生颠倒，**不是企业雇用员工，而是员工使用了企业或组织的公共服务和基础设施完成自我理想。**当企业的柔性与员工的自主性互相配合，形成高度活跃的互动关系时，将大大提高双方的效率，为社会创造更大的价值。

此外，管理者的作用也在发生显著变化，赋能型和教练型管理者将在创新革命中至关重要。**管理者的作用从过去的管理、监督、控制和激励逐渐转变为为创新个体提供创造环境和工具，赋能他们获得创造力，并成就他们的目标和梦想。**未来的管理者将如磁铁吸引铁屑一样，吸引和赋能无数的创新个体，创造出更大价值。未来组织内不同领域、不同部门和不同职业的界限将被打破，组织将实现高度互联。管理者必须灵活运用跨越传统界限和边界的网络，与各种各样的创新者打交道，建立起多样化的团队和高效的伙伴关系。

在这个"活在当下"的时代，以点对点的分享和用户自发生成内容为主，具有实时的时代特点，形成了"以我为中心"的新型从属关系社群。这些新型社群由价值取向和兴趣决定，员工和企业之间、用户和企业之间都属于这种新型社群关系。数字平台以全新的方式将人与人以"一对一""一对多"的形式联系起来，让员工、用户和企业可以超越时间和空间维系联系。员工与用户之间的关系更加活跃和亲密，角色的概念也将日益模糊。在未来的某一天里，**员工即用户，用户即员工。**

数据技术也在改变着用户的行为，例如，汽车自带的感应器具有分析功能，可以让其始终处于被监控的状态，并且在需要保养时及时发出提醒。这种主动改变用户行为的方式正在引领用户需求。乔布斯曾说："不能只问顾客要什么，然后想办法给他们做什么，因为做出来，他们已经另有新欢了。"乔布斯频繁引用亨利·福特的名言，"如果我问客户他们需要什么，他们总是说要'一匹更快的马'"，而不是一辆车。乔布斯坚信用户不知道自己要什么，跟随客户需求固然重要，但利用数据技术挖掘用户潜在需求，引领潮流才是关键。**让用户成为最好的产品经理和不支薪的推销员优于任何广告。**

"产销者"（prosumer）一词出自《第三次浪潮》（托夫勒著），指的是**生产者与消费者的边界消失**。对企业而言，用户不再是活生生的肉体，而是一个个数字化的集合体，数据是最重要的生产和设计的"基因"，对消费者进行全息画像，几乎可以无限逼近最真实的形象，甚至挖掘出更多内心隐藏的信息。产销将实现一体化，基于数据可以为用户提供内心最渴望的定制化体验，商品都是数据赋能的超级IP，在生产的同时就已经创造了消费者，并通过价值传递的零售渠道，持续激发新的消费欲望，相当于克隆出了一个个真实的消费者。

数据基因不断克隆出消费者，市场将是基于数字经济的统一市场，未来企业核心竞争力就是算法，即基于数据基因的编程和云计算能力。对消费者而言，通过主动或被动提供个人全方位的数据信息，即可在不同的超链接端口进行体验，为体验评分，同时为体验买单。**数据，为生产赋能，更为消费赋能**。快速崛起的社群电商，利用供应链平台和产销者逐渐冲击着传统电商模式。社群电商为供应商搭建销售渠道，为产销者匹配供应链资源，堪称生产与消费的双重赋能。

从"流量思维"到"产销者思维"再到"超级用户思维"，是从市场补贴型的外部新用户获取到向内而生的对已有用户关系的深度经营，将运营指标重点从拉新率和留存率转到人均用户价值创造。这是用户思维的深化，是社交货币的进化、社群思维的迭代，更是新维度模型和估值体系。超级用户是一种信任转化，加入会员体系，形成有绑定期的产品或服务交付逻辑，并成为品牌的口碑放大者和连接新用户的渠道。

2017年，在线教育领域以VIPKID为典型代表，以20万用户撬动50亿元营收的杠杆效应，正是超级用户带来的增长模型。在VIPKID中，70%的用户来自老用户的口碑推荐，[一]证明了如果能够真正服务好超级用户，形成裂变用户的自渠道能力，必定能够产生惊人的价值放大效果。

超级用户思维是组织与用户之间的高价值连接和小生态构建，

[一] 林俊宇. 运营认知升级：掌握超级用户思维的黄金法则[EB/OL]. (2018-04-26)[2019-07-01]. http://www.sohu.com/a/229516432_262756.

其所构建的新的估值体系来自于持续的用户价值交付。超级用户思维所构建的增长模型是新维度的诞生与进化的破局之道。

数字平台的崛起席卷了全球，引发新一轮的商业模式创新。它利用数字资产，快速高效地响应客户需求、提供便捷服务、实现精准匹配与交易促成，从而迅速占领市场，逐步侵蚀传统企业的稳固地位，摧毁了行业之间的藩篱，打破了传统行业各自为政的竞争格局。**企业与企业的边界、行业与行业的边界模糊是数字时代下的新命题。**这意味着传统企业想要在数字时代不被"颠覆"和跨界"打劫"，需要具备在整个产业链条中合纵连横形成生态合作伙伴的心态与能力。

在激烈的竞争格局中，企业与企业的竞争愈发趋于竞合之势。企业与企业的边界日趋模糊，企业以打通产业链上下游为己任，着力打造特定行业甚至特定场景的生态圈，把传统"串联"的甲乙方模式变成"并联"的生态圈内的合作伙伴关系，以形成数字时代所需的生态圈的整体合围与快速迭代。一体化互联互通的生态圈建设将增进集体对抗市场风险的承受力。

3. 挑战三：企业组织日趋复杂

数字时代，组织日趋复杂化，呈现出组织结构扁平化、组织关系网络化、组织规模灵活化，以及组织边界柔性化的趋势。

（1）组织结构扁平化

在数字技术的推动下，部门与部门之间、层级与层级之间的信息屏障被打破，信息在不同部门和不同层级之间流畅地传递和共享，形成实时、完整的信息流，而不必自上而下地层层下达或自下而上地逐级汇报，从而大幅压缩组织结构的层级，减少职能部门，使得组织结构日益扁平。扁平化的组织结构是一种静态架构下的动态组织结构，它改变了原来层级制组织结构中的企业上下级之间、部门与部门之间以及组织与外部之间的联系方式，具有敏捷、灵活、快速和高效的优点。

（2）组织关系网络化

随着人工智能在企业管理中的广泛应用，机械性和重复性的管理工作将为人工智能所取代，人为划分部门、以科层制为特征、以管理为职能的组织不再适应时代要求。组织关系随着组织结构的扁平化而日趋网络化，更具有协作性。员工间的纵向分工不断减少，而横向分工和协作不断加强。员工和管理者在网络化组织里借助数字智能化系统，双方都能掌控全面信息，管理日趋透明化，增强了员工的公平感。组织将日益倾向于分布式团队和具有互动性的集体，甚至有远程工作者加入，围绕当前的任务和工作，持续不断地进行数据交互与结果分析。

（3）组织规模灵活化

自工业革命以来，很多企业通过扩大企业规模、增加企业产量来追求规模经济效益。这种观念在很长一段时间内是有效的。然而如今，任何一家小公司都可以通过互联网数字平台用较少的成本来建立全球的销售系统，在开放的市场中平等地与其他企业进行竞争。且小公司的灵活性和创新性明显强于大企业，所以企业规模的小型化和灵活化也是组织形态发展的趋势之一。

组织规模的小型化并不是指其产值或市场缩水，而是指人员和组织规模的缩小。数字技术能帮助企业对资产绩效进行监控、分析与预测，将非核心和非战略性的资产外包出去，从而灵活轻巧地应对外界变化。许多大公司正通过数据建模分析选择业务剥离、流程再造、业务流程外包或建立战略联盟等方式来使自己的经营实体小型化，从而达到降低成本、提高应变能力和提升竞争能力的目的。

（4）组织边界柔性化

数字时代，数字业务为主的组织通过打造网络平台，将用户、资产和数据汇集，用便捷和低成本的方式匹配需求，从而大幅降低交易成本。数字技术对资产绩效的建模分析，帮助企业将非核心业务剥离，促使外包业务发展。就业市场的数字技术让自由灵活的弹性工作制成为可能。这些趋势都使得组织的内部边界和外部边界变得模糊，富有柔性和灵活性。这种柔性化更易于资源、信息的传递和扩散，促进各项工作在组织中顺利展开和完成，使组织作为一个整体的功能远超各个组成部分的功能之和。

在日益复杂的组织中，企业管理必须面对组织的整体性割裂并快速应变外部环境的管理挑战。所以，每个人没有固定的部门归属，需要多方汇报、协作，处理复杂关系，领导者和管理者需要打破公司和部门的局限，通过升维构建生态领导力，对团队和团队成员进行全方位指导，从而提升团队的整体工作能力，实现公司、团队和个体间的协同发展。

4. 挑战四：新生代追求个性化

（1）个体需求的变化

著名的马斯洛需求理论由美国心理学家亚伯拉罕·马斯洛在《人类激励理论》论文中提出，他将人类的需求从低到高按层次分为五种，分别是生理需求、安全需求、社交需求、尊重需求以及自我实现需求，充分反映了人类行为和心理活动的共同规律。然而随着数字革命的深入，个体的需求也展现出了新的时代特征。

数字革命将为商业社会带来颠覆性的影响，创新革命随之席卷而来，我们却可以化挑战为机遇，全力以赴去适应新环境，实现个体繁荣。**新时代的个体不再满足于成为标准化流程中的一个节点，也不甘心只做企业的一颗螺丝钉，日复一日、年复一年地重复单调工作。**

传统的经济学逻辑倾向于依赖外部驱动力量。然而，**创新个体自身希望思考、学习和成长，渴望有更宏大的目标和更深度的参与。**个体的成长和发展都需要保持旺盛的学习能力，随时调整自己的心理、认知和观念。在当今这个颠覆性世界中，故步自封、思想固化必将被时代淘汰，因此，创新个体不再希望因循守旧。

企业如果总是人为划分不同领域与不同职业间的界限，将不利于个体的发展。数字时代，互联网和物联网的力量已经逐步瓦解种种界限，组织将与个人建立高效的合作伙伴关系，协同个体的目标，实现共同发展。工作成为学习和发展的孵化器。当个体的认知和学习意愿得到充分满足时，个体获得自信，更加投入组织工作，方能自下而上地迸发出创新活力，真正激发出提升与改变组织的创造力。

数字时代，智能决策基于大数据的无数次演算和判断，决策过程也更加理性。然而，利用大数据和人工智能进行决策也是一把双刃剑，既带来了好处，也潜伏着风险。理性化的数据决策容易陷入"脸谱化"解读，采取"一刀切"原则，缺少人性解读与判断。新时代之下，情商和智商将以独特的方式相结合。**企业管理者需要用情商弥补数据智能的理性，让组织更具有人性化。**每个个体在组织内都期望感到"自由"，而不仅仅是智能机器给予的数据分析结果，冰冷的人机对话维系不了长期感情。个体渴望更加人性化的工作状态，这使他们不仅能够高效完成任务、实现自我调节，也更具有创新精神和创造力，甚至影响其他成员，在组织中持续散发出积极正面的能量，引领下一轮创新变革。

（2）新生代的需求

新生代不同于思想和行动受束缚的前辈们，他们的思维方式、价值观和认知发生了翻天覆地的变化。这一代人一边享受着互联网数字技术高速发展下的时代馈赠，一边也面临着前所未有的挑战与压力。在互联网、新媒体等新兴行业中，朝气蓬勃的他们甚至成为办公室主力军。这是一群无法简单打上标签的复杂群体，我们试图从几个侧面观察他们的需求。

自我价值高于一切：麦可思研究院发布的数据显示，2014届本科生毕业3年内平均雇主数为2个；2011届本科毕业生中，8%毕业后有4个及以上雇主，38%的人毕业3年内仅为1个雇主工作过，仅有不到40%的人能在一个工作岗位上待上2年依旧"痴心不改"。⊖初入职场的新生代拥有更为丰富的教育背景，面临着更加多样化的选择，更注重个人发展需求，在乎内心感受，更加渴望在适合的组织里实现自我价值。更看重发展空间的新生代个体尽管经验不够丰富，却渴望承担更大的责任，具有更强烈的使命感。这种对于学习、经历以及成功的直接渴望显然强于过往任何一代人，是频繁跳槽的根本原因。

没有大公司情节：扁平化的层级关系以及平等尊重的工作氛围备受新生代的推崇，因而制度严格、层层汇报的大公司并不是他们的"菜"。根据2018年度的《中国千禧一代商业决策者洞察》，相较于前辈们的"大公司情结"，"90后"更加趋向200人以下的中

⊖ 王景烁，胡彦然. 新人"闪辞"记[N]. 中国青年报，2016-07-25.

小企业。领英（LinkedIn）中国的技术副总裁王迪指出，"90后"面临的生存压力不断加剧，这促使他们不得不寻找非同寻常的职业发展道路。①

除此之外，我们在企业调研过程中，还发现他们展现出了"积极拥抱科技，向往高科技及互联网产业""愿意与创业公司共成长""工作时间弹性但可承受长期加班的压力""爱憎分明，愿意为有兴趣的事业坚持付出"等特点。显然，这股新生力量正在以自己的方式阅读、理解并征服世界。

（3）开创个体事业的需求

数字时代，就业市场数字技术和全球通信基础设施的发展使得传统意义上的就业正在发生意义深远的重大变革。互联网云平台使得很多新职业应运而生，促使职场中的个体也发生了根本性的变化。很多创新个体在技能娴熟、经验丰富后，开始更多地思考如何打破传统天花板进行创新和变革，他们多数寻求离开传统组织，**开启属于自己的事业**。

初入职场的年轻一代，经常感觉企业的工作限制了他们追求生活意义与目标的能力。他们更渴望有目标地参与，不仅是工作与生活的平衡，更重要的是工作与生活的和谐融合。越来越多的人开始**追求斜杠人生**，渴望实现"一人多角"。

在北美和西欧，有近1亿的人群主动放弃稳定的企业职位，以自由职业者的身份工作。②这一变化的主要原因是人力资源云平台的出现。根据麦肯锡公司最近的一份报告，知识密集型行业和创意行

---

① LinkedIn. 中国千禧一代商业决策者洞察［R/OL］.［2019-07-01］. http://www.linkedin.com.

② 吉安皮罗·佩列里，苏珊·阿什福德，艾米·沃兹涅夫斯基. 自由职业者成功指南［J］. 哈佛商业评论（中文版），2018（3）.

业是分享经济（零工经济）中规模最大、发展最快的领域。随着类似于亚马逊土耳其机器人这种人力资源云平台，以及收稻智客服务交易平台（智客特指"精英人才"）等在中国落地生根、发展壮大，自由职业者的风潮也刮入中国。人力资源云平台给这些自由职业者更多选择，让他们有勇气离开传统雇主的保护和支持，过上更加丰富多彩的生活。通过平台，专业人士和他人建立联结；因为自由与自律，他们能够承受工作中的情绪起伏，并从自在中获得能量和灵感。对于远程工作或自主性较强的公司员工，从上班族转向自由职业者是一种实现自我追求和价值的趋势。摆脱了管理者和公司规章制度，人们可以选择最体现自身才能和兴趣的工作。在收稻智客平台上对自由职业者的调研发现，他们普遍对自己能够掌控工作成果和整个职业生涯有高度的满足感。一位受访者表示："相比之前的所有工作，现在我能最大程度地做回自己。"

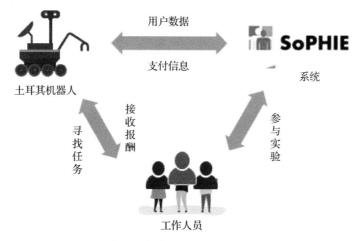

亚马逊公司的土耳其机器人工作流程

飞速发展的专业型自由职业者在这个时代具有显而易见的优势。他们可以在任何时间，以自己想要的方式工作，无须隶属任何组织。新时代的自由职业者属于全球虚拟网络的一部分，具有无与伦比的机动性,以及选择是否工作的自主决策权。他们寻求着一种自由度大、工作满意度高的理想状态。这是一场新型的弹性工作革命,最大的优势在于满足个体的自由需求,任何人接入网络就可开展工作。自由意味着他们不再被传统的组织关系束缚,更渴望以独立的个体形式服务于组织。自由绝不只是简单的来去自在、随心所欲,而是借助于丰厚的经验积累和社会资源,对自己的人生计划和各阶段目标都拥有透彻的理解和十足的掌控。自由职业者需具有强烈的自我激发智慧,与组织形成共同的使命感,朝着共同的目标努力,实现协同创新。传统企业必须思考如何连接、拥抱自由职业者。

美国已经有超过 5300 万名自由职业者,占总工作人口的 34%,这一人群正在迅速成长为美国最多的劳动力之一。2015 年,美国有超过 1/3 的劳动者参与了自由职业,与上一年相比新增了 70 万名新的自由职业者。[1]在英国,有 87% 的获得一等或二等学位的优秀毕业生认为自由职业是最理想的工作状态。[2]日本的人力结构也变得越来越弹性。

2018 年度的《德勤人力资源报告》中谈到,如今的劳动力已经成为一个动态的生态系统。调查中,仅 42% 的受访者认为他们的企业主要由内部雇员构成,用人单位希望在未来几年能大幅增加对合同工、自由职业者和零工的使用。随着非传统用工安排在更广泛的经济领域内越来越普遍,迫于改善服务、快速应变和发现新技能的压力,人力资源和企业领导正在加快尝试规划并优化自身劳动力生态系统。

---

[1] 约翰·兰普顿. 自由职业者的一代:为什么创业公司和企业需要关注他们 [EB/OL]. (2015-12-29) [2019-07-01]. https://techcrunch.cn/2015/12/29/.

[2] 商讯 CBNS. 为什么说分享经济是一场革命 [EB/OL]. (2016-10-28) [2019-07-01]. http://www.sohu.com/a/117466344_513150.

曾有机构预测，未来全球自由职业市场规模可能达到 3 万亿元左右。⊖ 有能力的人才更倾向于选择成为自由职业者，这是实现个人效益最大化的方式。依托迅猛发展的互联网数字平台，我们有足够的理由相信，一切变革和颠覆都并不遥远。在不久的将来，自由职业极有可能成为更多人的职业选择，也堪称最具前途的群体。

微粒化的思维方式

（4）数字时代，人类将从事什么样的工作

我们将从数字时代过渡到人工智能时代，人类的能力和认知水平也会随着人工智能化进程而增强，并将改变大量行业与职业的工作性质。人类的直觉，以及对知识、对综合能力的不断升级强化使得机器暂时难以超越。**数字时代，人类将从事那些需要更多社交技能和创造力的工作，尤其是在不确定性下做出决策和迸发创新思想的工作。**在这样一个快速变化的工作环境里，解决复杂问题的能力、社交技能和系统性技能愈加重要。毫无疑问，未来社会里最有

⊖ 代丽丽. 自由职业成就多栖职场人，职场流行"斜杠青年"［N］. 北京晚报，2016-10-20.

价值的人将具备创造力、洞察力和感知力，而创新者将超越知识工作者成为时代的最大受益者，一场创新革命伴随着数字革命而来，这也是知识经济更进一步的发展成果。

（5）智能时代人们为什么工作，公司组织存在的意义是什么

如果不知道未来人们为什么工作，企业就不能激励他们；若企业不能吸引有价值的人才汇集，企业组织就没有存在的必要。当逐渐累积了第一桶金，不用再为温饱而忍受失去尊严的工作岗位时，人们将更多地为了实现理想而工作，为了满足人生的意义与成就感而工作，为了修炼更好的自己而工作。因此，数字时代下，再多的战略也无法替代有价值的人才，以人为本的"人文主义"将在这个时代盛行。**企业文化也要根据数字时代的变化而升级，从而适应日益崛起的"人才主义"。人才将在企业战略中起主导作用，企业需要从根本上重新思考自身的人才战略。**创新型人才将是企业最重要的资产。创新者最主要的驱动力是创造带来的成就感和社会价值，自我激励成为他们的特征。创新者最需要更高级的赋能，他们最渴望的不仅是获得生产工具，还有更高效的环境和成长尊重的氛围。科学化决策人才是企业在数据时代提升竞争力最重要的胜负手。未来，企业需要培训员工四种能力：整合数据的能力、探索数据的意义与价值的能力、提高数据算法的能力以及根据数据分析形成可执行方案的能力。

二

平台化管理的崛起：管理的无边界延伸

接下来十年将是管理哲学与方法全面翻新变革的时代，商业社

会在经历数百年的技术创新与模式创新之后，物质性的底层基础设施逐步建构完成，数字化与智能化的技术让机器比大多数人更聪明、决策更准确。接下来是人类升级的时代了，人的工作形态与心态要改变，人的协作方式要更通透高效，因此激发人类潜能的管理方式要升级，组织人类协作的组织架构也要彻底变革。

历史的飞轮高速转动，往日的商业巨头接二连三倒下，曾经荣耀的商业帝国陨落，一个个新兴的巨无霸崛起，揭示着经得起时代的考验如此不易。传统豪强开始慢慢掉队，后起之秀一刻不停地奋勇直追，**如何适应时代发展，如何不被生态系统淘汰**，这些是数字时代所有企业都需深入思考的课题。

过去几年间，我们发现很多中国企业以阿米巴经营管理模式为核心思想进行管理升级。阿米巴经营的本质是一种量化的赋权管理模式，以各个阿米巴的领导为核心，将组织划分成小的单元，让其自行制订各自计划，追求收入最大化和成本费用最小化以应对市场的快速变化。经营权下放之后，各个小单元的领导会树立"自己也是一名经营者"的意识，进而萌生出作为经营者的责任感，尽可能提升绩效。阿米巴模式让员工从"被动"工作转变为"主动"追求。如果阿米巴领导及其成员自己制定目标并为实现这一目标而感到工作有意义，那么全体员工就能够在工作中找到乐趣和价值，并努力工作。如永辉超市现在采取的是阿米巴式的合伙人制，使用"6+6"的规则：核心合伙人可以自己出去开辟一个新天地，这时他跟母公司的关系就是合伙经营的关系。再比如，顺丰从2014年开始提倡合伙人制，让内部员工尤其是中西部的员工出来自己创业，公司给他们提供所有帮助。人力资源部的工作也发生了很大变化，以前是传授供应链知识，现在是教这些合作伙伴如何去搭建和领导一样强的团队，提升他们每个人的领导力。

然而，沿着旧路是否能发现新大陆？谁又能保证数字革命的速度和冲击力不会加持而来？数字变革终将会彻底改变整个社会，其影响范围之广，变革速度之快，将远超想象。随着数字化进程的不断推进，互联网数字平台的平台效应开始显现，正在加剧利益和价值向少数企业集中，留给我们的变革时间还有多久？

数字技术带动产业全面平台化重构，企业管理也急需平台化。过去十年在各行各业出现的互联网平台是通过能力数字化扩展及业务数字化相连的组织形式，通过打造数字网络平台，以更低的成本和更便捷的方式匹配多种产品和服务的供应商和用户，营造供需双方的互动，并建立信任机制以促进交易。例如，淘宝连接农民与城镇居民减少中间商盘剥，同时通过数字化工具的发展（如手机 App 与 SaaS 软件）让管理能够无远弗届地扩展；Uber 能够调度数百万辆车，服务全球亿万人群。平台借助数字技术和智能设备将人、资产和数据汇集到一起，通过大规模的实时匹配带来社会整体效益的增加。

未来产业更进一步的平台化，将是基于产业全链数字化相连，而提供端到端的优质体验和差异化服务，保持运营的效率和灵活性，同时降低供需双方的交易成本与摩擦成本。数字技术不仅转化为更高的平台价值或更低的交易成本，还从根本上改变了商业模式及价值的创造与分配机制。这些新型的商业模式将更加依赖数据分析和智能设备，开放而流动的数字化平台将成为整个生态系统的重要一部分。

数字革命对传统行业和传统企业的商业模式进行了价值重构与价值创新，不再依靠信息屏蔽和行业准入壁垒来获取巨额利益，而是**站在更高的思维层面上去赋能个人、组织和合作伙伴，通过创新创造更大的社会价值**。数字时代，企业成功的关键因素包括：构建智能化数据能力、灵活的企业层级结构、衡量和奖励绩效的新方式以及吸引和留住人才的新策略。企业需要快速响应市场的运营模式、灵活多变的组织结构，以及具有广泛包容性的多元文化。未来企业逐步由层级结构向更为网络化、更具协作性的新兴组织结构发展，日益倾向于分布式团队、远程工作者和具有互动性的集体架构。在渴望掌控事态、寻求独立性和工作意义的共同愿望驱动下，管理者和团队成员的工作动机将更加内在化。工作将基于数据化智能系统平台，以小团队形式围绕着当前任务，持续不断地交互数据，并基于此生成方案。基于以上数字时代的个体需求和商业社会的发展趋势，我们开始思考平台化的企业管理方式。

平台化管理的企业利用精细化数据分析对资产和运营进行监督和优化，改变个人与机构间的互动和协作方式，也彻底变革着管理方式。随着所有权共享向使用权共享的转变，就业市场数字平台帮助企业实现不为所有但为所用的人力资源库。数据共享和人才共享将成为企业价值主张的重要部分。

亚马逊CEO贝佐斯曾言："如果天天盯着竞争对手，就会变得像他们一样，我们应该抛开对手，做趋势的创造者，而不是一味追赶。"保持企业长青的秘诀是像细胞一样不断新陈代谢，迅速自我更新方能保持旺盛的生命力。传统企业在数字时代中需要建立数字化能力和向平台化方向转型，以此帮助现有传统企业利用现有客户群、基础设施或技术，进行流程优化、流程再造和资源整合，建立业务和管理数字资产。

平台化转型需要建立平台化管理模式，从商业模式、组织结构、组织关系、企业文化、绩效管理等方面对传统企业进行改造，平台化管理将借助数字化技术与工具将能力扩展到整个产业及生态圈，传统的组织边界将被打破，也变得不再是限制要素，管理规模的扩大将不是这个时代的认知可以想象的，因此相应的企业组织结构、领导能力、关系对待、激励机制、文化组成等，都需要重新思考与构建。

本书定义**平台化管理**为：顺应数字变革，人和组织需要共同升维（认知）与微粒化（手段）的一种新型管理理念和实践，其宗旨是实现关系多样化、能力数字化、绩效颗粒化、结构柔性化和文化利他化。其基本要素是基于数字技术进行流程重构，基于个体自我驱动开展组织变革以及基于互相成就的心态集体升级。具体如图1-1所示。

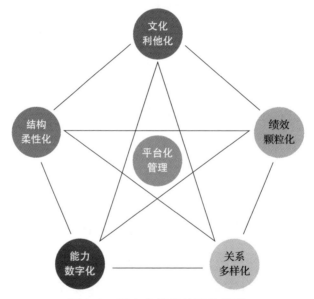

图1-1 平台化管理的五化模型

平台化管理的五个要素，环环衔接、环环相扣，形成完整闭环，引领企业迈向智能时代，为公司的升级奠定坚实基础。本书第二章讲述平台化管理的理论核心，并指出传统企业实现平台化转型的关键在于能力、关系、结构、绩效与文化五项管理要素的变革；第三章到第七章分别讲述平台化管理这五个要素的具体内容与要点，并提出一些转型方案与实施方法，希望能对读者有所启迪。

三
掩卷之思

读者朋友,本书的第一章就到这里。相信你对数字时代下的种种变迁、个人与企业的重新定位、平台化管理的具体含义已形成初步概念,在开启下一章的阅读前,建议不妨先掩卷深思以下问题,或许有助于本书的后续阅读。

- 如果可以重新选择,你的理想工作状态是什么?
- 数字时代中,有哪些科技对你的生活产生了巨大影响?它们是以何种形式渗透并改变传统的工作方式的?
- 数字时代中,有哪些平台形态的产品或场景开始进入你的生活?你对于它们有着怎样的感受和期许?
- 你所在的企业是何种组织结构?管理中发生了哪些顺应时代发展的变化?还有哪些可以改进的地方?

第二章

平台化管理之魂

NEW

MANAGEMENT

IN DIGITAL

ERA

数字革命在不断改变着工业时代对于"公司"的定义，一场"企业平台化"的新运动早已拉开序幕，开启平台多元共生的新篇章。然而，这是一个最好的时代：数字技术的快速发展正彻底改变我们生活的方方面面，不断冲击着人们的认知，还为人类开启了虚拟世界的大门。人类正式迈入智能化发展的崭新纪元。

同时，这也是个最坏的时代：市场的变幻莫测、产品的更新换代、组织的加速进化以及转型的疲软乏力，无不使得传统企业如履薄冰。在科技飞速发展、商业世界瞬息万变的今天，如果传统行业仍沉浸在承袭自工业时代的惯性思维当中，会不断遭受来自互联网平台企业的"降维打击"，很有可能是致命的。微信打败了产品时代的短信，战胜了PC时代的QQ，无疑是移动互联网大潮中的赢家。微信的成果是因为超越了传统商业思维，以打造生活场景为核心目的的平台思维与以盈利为目的的短信、以社交为目的的QQ竞争，其优势不言而喻。在数字时代，打败你的往往不是"看得见"的对手，竞争壁垒并不能抵挡来自高维空间里的平台企业"跨界打劫"，稍不留神，整个行业都有可能不复存在。曾经红极一时的手机品牌诺基亚在与iPhone的竞争中也难逃逐渐衰落的命运。传统企业在数字时代如何整合资源，调整结构，进行战略突围，无疑是所有领导者和管理者思考的核心问题。

平台化管理为企业和领导者提供了一套新的理论和实施框架，我们将其核心思想总结为：**升维与微粒化**。

一

升维与突围

在时代的更替中,诺基亚的衰落只是冰山一隅,在中国也不乏类似案例。曾经带领大润发一路披荆斩棘的黄明端被业界誉为"陆战之王",然而他却在2018年2月发文表示:自己战胜了所有对手,却输给了时代。黄明端一手缔造大润发而在大陆零售业开创一个时代,不到10年已经成了横跨两岸,年营业额突破千亿元新台币的零售帝国。而彼时,阿里巴巴还是一个"小宝宝"。2011年7月27日,大润发与欧尚合并在香港主板上市,自2008年至2014年7年间的营收从378.52亿元增长至918.55亿元,①市场占有率也超过沃尔玛,一跃成为中国最大的零售商。那时的阿里巴巴总营收尚不足200亿元。

然而仅仅过了6年,由"陆战之王"缔造的千亿帝国却开始邀请10年前还是行业初入者的阿里巴巴入股改造。阿里巴巴到底凭借什么而被相信能够重塑一家传统零售业龙头的未来?

我们将镜头转向另一端,聚焦阿里巴巴这些年来另辟蹊径的发展历程。

经过19年的发展,阿里巴巴早已不再是零售界的新生儿,它突破单一产业的边界,建立多元共生的生态系统,成为横跨电子商务、金融服务、物流、云计算、新零售等多板块的数字经济体。阿里巴巴2018年的年报显示,其数字经济体整体商业容量已经超过了4.8万亿元人民币,截至2018年第四季度,阿里巴巴电商活跃用户数达6.63亿。支付宝全球活跃用户超过10亿,已经成为中国第二大App。在2018年的经济环境下,体量庞大的阿里巴巴保持58%的增速,相比于2012年总营收增长了1150%,6年平均年增

---

① 数据摘自大润发2014年年报。

长率53%，㊀足见数字经济仍蕴藏着巨大的发展潜力。

阿里巴巴今日的斐然成就与创始人团队拥有更高维度的视角密不可分，他们似乎更容易找到正确的解决方案。阿里巴巴的发展也能够给予印证，它颠覆了传统零售模式，"让天下没有难做的生意"，颠覆了传统支付方式，开移动支付之先河。数字技术打开了数字虚拟世界的大门，**他们通过平台商业模式，凭借更高维度的价值观、具有网络规模效应的互联网，以及大数据和人工智能等数字技术，对传统物理世界里的企业发动了降维重构**（意指降低多方维度的重新构建）。商业社会正在从IT时代走向数据时代和智能时代，从PC时代走向移动互联网和云端。阿里巴巴的升维（意指企业多个维度的全新升级）是通过数字技术，从认知、战略和文化等方面全面升维，从更高维度俯瞰传统的工业世界。

阿里巴巴的淘宝电商平台成为中国电商的翘楚，并非仅凭电商平台这一个"面"去竞争，而是同时搭建了担保交易（后来的支付宝）、社交产品（旺旺）和卖家培训（淘宝大学）三个新维度，多方促进交易，形成完整闭环。**阿里巴巴通过打破传统垂直价值链条，既从供应链上、中、下游的全局观去思考商品交易的完整路径，又从更高维度探究交易细节**。阿里巴巴的战略定位是站在数字世界的全局思考，维度更高，也更精确。在家乐福、沃尔玛等国际零售巨头凭借强大的资本实力和公关能力鲸吞蚕食大型零售卖场之际，阿里巴巴等电商却润物细无声地缔造和经营着由万千中小微商业个体构成的新型商业生态体系。

阿里巴巴对互联网技术有着深刻的理解。在他们看来，互联网不仅仅是一种技术、一种产业，更是一种思想与价值观。数字世界

㊀ 数据来源于阿里巴巴年报，详情见 https://www.sec.gov/Archives/edgar/data/1577552/000104746918005257/a2235254z20-f.htm。

比以往更为开放，更懂得分享，更懂得承担责任，更透明。先进的价值体系、先进的文化、先进的产业技术，一定会引领未来并对传统商业社会造成冲击。

价值体系是阿里巴巴的重要组成部分，这家巨头的成功不是某一个创始人的个人辉煌，而是团队的整体之功，阿里巴巴风光的背后站着一群默默支持它的合伙人——阿里巴巴"十八罗汉"。"绝对不能让职业经理人管理公司"，阿里巴巴宁愿选择自己培养锻炼的接班人。阿里巴巴合伙人在十几年共同拼搏的道路上，大家一起**集体升维**，不仅认同阿里的文化价值体系，而且不懈地提升自己的段位，向更高的思维、认知和战略维度持续修炼与进阶。大多数的"职业经理人"（指的是心态与行为）虽然教育背景良好、执行能力一流，但是会囿于短期利益与个人得失而缺乏高瞻远瞩的战略眼光，看不清企业长远的前进方向，难以带领企业探索虚拟世界，更勿论整合物理世界的资源。更重要的是，这些"职业经理人"缺少一种责无旁贷的和企业与团队共进退、同发展的使命感，以及为他人做贡献的利他主义精神。

工业时代，企业领导者往往会花大量时间在战术的执行上，习惯于在熟悉的工作场景及道路中追求专精，但却可能在忙碌中迷失战略方向和竞争格局。而在工业时代转到数字时代的过程中，**阿里巴巴能够将战略结合时间维度加以思考，从三维世界上升到四维世界，看清楚商业世界未来的演化方向，然后夯实基础，将重点放在战略方向和商业模式上，而不仅仅是执行力。**

摄影发烧友都熟知聚焦（zoom in）和延伸（zoom out）两个专业术语。在智能商业逐渐到来的时代，数字技术提供了聚焦和延伸的手段。延伸指从更高维度俯瞰整个商业社会发展的方向；聚焦指把每个细节精确到极致，精确度无限延伸，解析到每个人的实时行为表现。**卓越的领导者既能高瞻远瞩看大局，又能细致入微看细节，我们称之为"虚实结合"。**

具备"虚实结合"能力的人才是被鼓励重用的人才，务实指的是执行力强，务虚是指创想及颠覆自己的能力，这就是聚焦和延伸的综合表现，而我们在平台化管理中将这种能力总结为：升维与微粒化。升维就是要建立更高维度的世界观，探索浩瀚无边界的心灵世界；微粒化要借助数字科技搭建数字平台，把大企业做小做精，将物理世界宏观组织的维度逐渐细分到微观的平台连接机制。

1. 升维

为了更好地理解升维，首先要了解维度。维度是数学中独立参数的数目，在物理学和哲学领域则指时空坐标的数目。广义上说，维度是事物"有联系"的抽象概念的数量，组成抽象概念的个数就是它可变的维度；而哲学上说，维度意指人们观察、思考与表述某事物的"思维角度"。

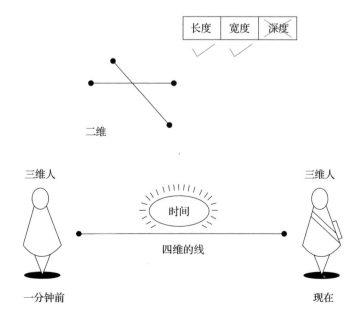

通常的空间概念是指由长、宽、高组成的三维空间。先从物理世界的角度理解，零维从一个点开始，和几何意义上的点一样，没有大小或维度，只是想象出来的标识。空间、时间都不存在，这就是零维度。再画一个点，两点之间连一条线，构成了一维空间。我们再画一条线，穿过原先的这条线形成二维空间。用两条相交的线段来表示二维空间，就构成了一个面。

现在，我们来理解三维空间——蚂蚁是一维生物，在它们的眼中世界是直线的而非立体的，故无法判断静止的物体，所以当你用手指挡路时，蚂蚁会爬到你的手上。现在，我们准备一张纸，上面有一只蚂蚁。如果让蚂蚁从纸的一边爬到另一边，则需要穿过整张纸。如果我们把这张纸卷起来呢？成为一个圆柱后，在这个三维空间里，蚂蚁只需走过接缝的位置即可（这就是虫洞，虫洞指的是可以做瞬时的空间转移或者时间旅行）。把二维空间弯曲就得到三维空间。

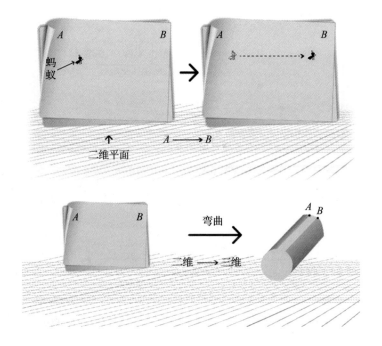

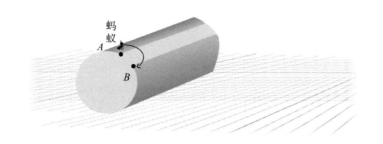

人类是介于三维和四维空间之间的生物，可以看到过去、现在和将来的自己。但时间线只有一条，如果在四维这条时间线的基础上，再加一条时间线与其交叉，五维空间就出现了。比如说，你大学毕业后工作了五年，现在是一名市场经理，那么四维空间里你只能看到大学毕业的你以及成为白领的这条时间线上的你。如果当初你大学毕业就去做设计师，现在是一名自由职业者，那么这就是另一条时间线上的你。五维空间中，你可以看到成为经理的你，也可看到自由职业者的你。换言之，这里我们可以看到未来的不同分支。

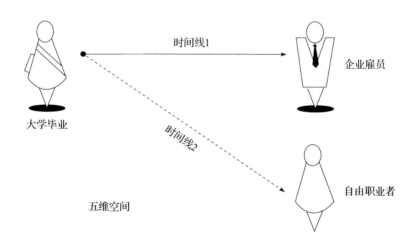

理解五维空间，对企业家和管理者以及我们每位个体来说都是非常重要的。因为我们开始具备观察空间中基于不同战略选择，经历不同的时间轴后演化出不同结果的能力，这对企业发展与个人选

择无疑都是至关重要的。升维帮助我们突围，突破现有物理及认知局限的困局。

不同物理维度中转换视角

一只在直线上行走的毛毛虫只能前后移动走直线，只能看到一维空间；一只阿米巴虫在球面上前后左右移动，可以看到二维空间；一只鸟在生活的空间内上下前后左右移动，可以看到三维空间。然而，绝大部分的人生活在四维空间之中，合称时空。在宇宙的多维空间里，站在更高维度会看到不同场景，得出不同结论。人不过是普通生灵，**人类的大脑和眼睛只为感知三维空间和四维时空里的各种情况而演化出来，并不具备辨识和解析更高维度空间物体的能力。我们受限于自己生物属性的认知条件，感受不到多维宇宙的真实存在。**

世界不是线性发展的，而是跳跃发展的。漫长的历史长河中，99.99%的时间里人类能够掌握的能量只是手脚和肌肉的力量，随着手持工具的发明，人类的能量输出倍增。人类的每一次升维都能大幅提升人类所能掌握的能量，帮助整个人类社会跃上一个台阶。**如果我们站在更高的维度，便可以展望未来的数字化社会，在现有的物理世界之上叠加一个虚拟世界。**

整体来看，维度思维看似物理层面，实则无处不在。哲学中，对应物理学中单维空间的就是多元思维，一切皆在变化与发展，而事物也是普遍联系的，我们要具体问题具体分析。二元思维，就是同时看到事情的两面，即有正必有反。一元思维就是因果推理，在判断事情的时候做到保持因果关系的一致。对于整个商业社会的体系，从宏观层面解释时应提倡一元思维，正所谓"延伸"或"务虚"。**一套完整的体系如果不能自洽，就不是一套足够强大的体系。然而当一套体系**

完全自洽的时候，它必然是一元的。但是，对于分析某一具体的微观事物，我们应提倡多元思维，正所谓"聚焦"或"务实"。

传统医疗界认为解剖就能掌握我们的身体运行机制，但是事实证明，物理的割裂并不能帮助我们真正了解内在的发病机理。解剖还只是停留在器官表层的医学技术，直到分子技术、基因技术的问世，借助这些技术才使得医疗进入了更高的视角，同时也进入了更高的因果维度。在器官层次需要具体问题具体分析的疾病，可能在基因层次就是因为缺少某一种人体必需的元素而迎刃而解，在二元乃至多元的病理之上，可以用一元的解答将其统一。

从自我的角度出发，升维可以解释为从更高层次去观察世界，找到真正的自我意识，获得心灵自由，不再为肉体本身的桎梏蒙蔽。数字化的转型对大部分人是痛苦的。**如何跳脱出物理世界的我，以更高的视角来看待整个世界的发展趋势**，将是我们这代人重大的人生课题。

而在平台化管理之中，升维的概念意指管理者站在更高的维度去看待和思考商业社会发展的宏观趋势，不断打破原有认知，从而实现思维与心灵的自我突破，帮助企业文化、经营模式、组织结构、数据智能等多方面的全面升级。 例如，工业时代中公司的发展速度基本呈现线性，而在数字时代，平台化公司的发展速度则呈现指数级，其根本原因在于工业时代中的公司都是二维的，观察到的战略发展蓝图都是局限于平面的，就像生活的三维世界里看不到时空弯曲一样。而平台化公司具备生态圈的全局观察，使得我们有能力站在更高的维度去看企业的机会与生存关键，就像我们从三维世界俯视二维的线条，通过数据建模分析出企业不同时期的不同选择最终会带来什么样的结果，从而选择更佳路径，通过网络效应达到几何倍数增长，甚至找到"虫洞"，最终实现飞跃式增长。

过去企业的变革通常都是内部的修补与微调。**真正的升维是不断地突破自我认知及能力边界,而过程可能是遵循一般规律的渐进式,也可能是站在风口期(找到虫洞)的跨越式。**我们应该如何利用平台化管理的思维与方法来实现企业管理的全面升维呢?

2. 领导者思维升维

平台化管理是一种管理机制与心态的创新型升维。平台化管理思维的升维与物理学和哲学的升维一样,不仅让我们可以看到低维空间里的全局,还可以融合低维度里正、反矛盾对立的事物或观点,化竞争为合作,化矛盾为统合。平台化企业不再停留在原来的维度,而是在更高维度去看各个战略选择的过去、现在和未来,帮助我们做出更好的决策。如上文所述,我们在五维空间里可以看到两个战略选择在两个时间轴里演化。思考的维度越高就决定了我们看到的战略路径越多,看的时间轴也越远。由此可见,战略选择的重要性远大于低着头不看天的战略执行。

如今的商业世界不再只是简单的巨头纷争、各行各业的相互依赖,或是跨界竞争与打劫,而是这些诸多元素的叠加。在这个多元的世界里,战略选择越来越丰富,精准地构建未来商业图景并不是简单的二元选择,而是**综合考虑各种视角,从更高维度俯视整个商业版图**。

思维的升维还包括重新审视与竞争对手的关系。唐玄宗曾热衷于以拔河游戏来训练士卒,而现代拔河演化取胜的关键不仅要看企业的竞争优势,还要看其是否具备平台化升维的战略规划。企业在生态价值链中的地位越高,在演化中所向披靡的可能性就越大。拔河演化意味着企业从行业内竞争过渡到了供应链和生态圈体系内的较量。互联互通是推动商业世界向更复杂的商业体系演变的重要力量，互联网的虚拟世界与现实结合更加紧密，使企业的经营方式发生翻天覆地的变化。随着商业环境越来趋于互联互通，所有的商业信息越来越趋于透明化，未来企业考量的不再是企业自身的绝对利益，而是通过开放平台的方式让生态系统上所有的企业、组织、群体或个体都生存、繁荣，搭配上进化的社会公益、利他的胸怀方能成就更加升维的自己。

当一家企业的战略选择不清时，整个团队容易被带入模糊甚至错误的方向，犹如迷失于森林之中，耗费众人的精力与热情却一无所得。大多数的企业管理者都陷于战略的执行，比如开常规执行会议、新公司选址、生产线上省点成本和发起并回复邮件、协调会议等经营及管理事务，每天都看似很忙，但花在战略思考、升维突围、增加企业核心竞争力上的精力却少之又少。我们需要花时间，把本质的事情想清楚，站在一个更高的维度看问题，以长期规划来解决短期问题，以高维来解决现存矛盾冲突的问题。**我们可以学习阿里巴巴升维思考，降维解决，站在更高的维度看清方向，更敏捷快速地解决问题，看十年，做一年。**

在这个电商竞争进入白热化的时期，短短三年时间里冲出拼多多与云集两个交易规模超百亿的电商，几近撼动传统电商巨头京东的地位，直冲阿里巴巴淘宝电商"头把交椅"的宝座。电商平台从2000年以后如雨后春笋般在中国大地上生根发芽，我们经历了传统电商平台淘宝C2C模式、京东B2C模式，到拼多多圈层裂变团购模式，再到最近云集的去中心化超级会员的社交电商模式，我们见证了电商平台的自我进化和升维的过程。

社交电商是基于社交关系的电子商务，基于社会化移动社交而迅速发展的新兴电子商务模式。2013年后微信平台的兴起助力社交电商迅速开花结果。传统的淘宝、天猫、京东属于互联网电商，而新兴的社交电商平台，以拼多多、云集和贝店为首，这些电商的商业模式更加注重网络效应，在流量、运营、渠道、用户及获客成本等多方面都有很大的优势。

拼多多利用微信拼团实现社交的圈层裂变的升维思考，降维竞争。拼多多利用微信这个庞大的社交平台，以熟人圈层为基础，采用"帮我砍价"举手之劳的营销方式在微信群中病毒式传播，以迅雷不及掩耳之势迅速扩散，短短3年就吸引了超过3亿用户。裂变营销思维是传统互联网电商思维的升维，节约了高昂的市场营销费用，让利给用户。

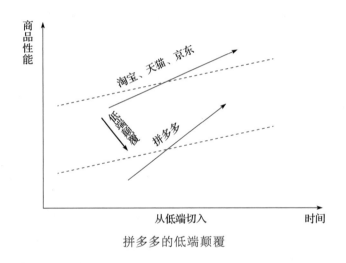

拼多多的低端颠覆

电商新秀"云集"自2015年5月上线以来，连续两年爆发式增长，目前云集上有店主250多万，VIP超级用户数达2320万。2018年全年交易额突破200亿元，同比增速136%。在传统电商增速进一步下滑，交易量增速从2015年的36.5%下降至2017年的19%以下的大环境下，云集"逆势"成长136%是怎么做到的？㊀

㊀ 联商君. 曾被认定"传销"的云集（YJ.US）赴美上市有哪些隐忧？[EB/OL].（2019-03-25）[2019-07-01]. https://www.zhitongcaijing.com/content/detail/191206.html.

云集迅速崛起的原因之一是通过产业链赋能和推广流量的社会众包，将成本降至最低，扩张的边际成本几乎为零。云集的商业模式是"S2b2C"（supply chain to small business to customer，供应链赋能小商户更好地服务终端消费用户）。S指的是供应链端的架构，小b是云集上的店主和超级用户，C是终端消费用户。之间的串联方式是，S架构赋能给小b，再依托小b的社交能力和信任价值服务于C。云集负责精心搭建商品供应链、物流、IT、客服等资源，并通过云端将之分享给店主，店主则只需将商品信息与周围的消费者衔接（流量众包）。[1]

新零售的热潮中，传统电商平台也开始尝试共享资源，比如京东开放了自己的供应链、物流资源、服务等给第三方，但是目标客户都是大B商家；再比如阿里巴巴、京东、苏宁都在改造社区小店，把供应链资源、系统、物流等资源共享输出。但云集做得更极致，把经营门槛降得更低，释放了小b导购员、宝妈的价值。基于S架构，云集将产品和服务打包赋能给小b，降低小b的运营成本，吸引更多小b入驻。小b是依附于供应平台上的活跃者，可能是一位网红，也可能是设计师、宝妈、导购员。大平台对应万级、十万级甚至上百万级的小b。品牌商市场营销方式不再是广告和补贴，而是口碑。基于个体的信用资源的释放成为商业零售的连接要素，极大地降低了电商平台的获客成本，让拉新和留存效率更高。云集的成功是创始人、淘宝资深店家、湖畔大学学员、中欧校友肖上略的思维与认知的升维，云集本身商业模式的升维，差异化竞争策略的升维。

---

[1] 李成东，孔彤彤. 云集，三年时间杀入电商第一梯队，凭什么？[EB/OL].（2018-04-25）[2019-07-01]. http://www.sohu.com/a/229353420_482004.

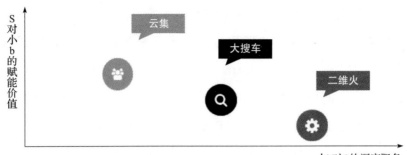

S2b2C 模式的价值创造

3. 战略升维

战略升维的目的是找到之前低维空间里"看不到的"和绝对隐身的战略选择，并找到"新的道路"或"破局点"，实现飞跃式发展。很多能达到几何倍数发展的战略选择，在低维空间里是看不到、想象不到的。比如，如果把蚂蚁假设为只能在两维的地面上移动的生物，再假想有一只能在三维空间中自由活动的蜻蜓飞在蚂蚁的上方，那么蜻蜓可以看见蚂蚁，蚂蚁却无法感知到蜻蜓，蜻蜓就对蚂蚁实现了绝对隐身。战略突围，就是试图找到那些向我们绝对隐身的高维战略选择，在低维视角里看似的困境和博弈（如低价竞争、尔虞我诈），在高维视角里实现统合共赢。

传统的商业环境，企业与企业之间多数是竞争关系，属于零和博弈，而在更高维度去看待同样的关系，可以是大量合作、少量竞争的关系。同行业的公司不必为了争夺市场份额而头破血流，可以合作开拓更大的增量市场，甚至协力实现跨行业协同。**从高维视角看，公司都是一个合作系统的一部分。在这个系统中，公司会思考自身的价值，也会思考与其他公司合作所能带来的更大价值。**毫无疑问，这是更加丰富的模式。

随着技术变革不断深化，企业迅速实现战略式的飞跃，就必须进行战略升维，找到跃迁的"虫洞"。根据广义相对论，空间是弯曲的，我们所生活的这个三维空间是一个四维几何体的封闭曲面，如果直接穿过三维空间里的长、宽、高，从一个点到另一个点有很长的距离，但如果能借助四维空间，那么就抄了近道。就像我们前文提到的，蚂蚁穿越一张纸要走过很长一条线，但是从一个点通过三维的曲面到另一个点只需要一步路。

如何才能战略升维？我们总结为站在更高维度预测整个商业社会发展的方向，寻找破局点，然后整合内部和外部资源全力投入。预测是穿过未来看现在，找到一条正确的路。如果走在一条错误的路上，怎样全力以赴都要"撞南墙"。预测时，我们需要看问题的程度更深入、角度更宽广、高度更高远、格局更宏大。预测时可以采用侦察兵模式，不断试错，获取经验值。预测之后，寻找破局点，找到那个一举撬动全局的关键点，实现飞跃式发展。

iPhone手机就是这样的破局点，帮助苹果公司切入移动世界，改写整个手机行业态势，推动其向移动端延伸。

iPhone的成功，并不是"孤军奋战"，苹果旗下拥有其他电子设备，比如Macbook、iPad、Apple Watch，形成了苹果生态圈，不同设备之间紧密联动，协同工作。iCloud是所有苹果设备之间交流的重要环节，是苹果提供的云服务。在iCloud上，可以存储照片、视频、文档、音乐、App等内容，并在各种设备上同步保持更新。在iCloud上存储各种文件后，iPhone、iPad、iPod touch、Mac甚至PC上都可以进行访问。除了iCloud，苹果还推出了Handoff、通用剪贴板、Airdrop等多设备间的协同功能，打通各个设备之间的物理隔离，构建了无缝对接的虚拟空间。这些协同功能，将我们生活中的所有数据在苹果所有设备中贯穿，形成数据流，这是单单卖产品的诺基亚所不具备的。苹果引入数据这种虚拟世界的"能量",采取在单纯卖产品的二维空间里绝对隐身的战略,降维与诺基亚等品牌在手机市场里竞争。苹果开启的是数据生态和单一产品的竞争模式,诺基亚只能利用自身在二维空间里建立起来的产品线丰富和品牌知名度等竞争优势与苹果对抗几年,但是长期来看,终究还是"大势已去"。

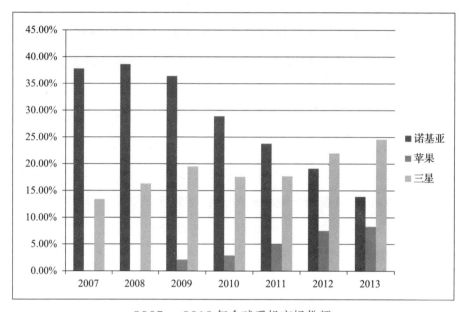

2007～2013年全球手机市场份额
资料来源:诺基亚、苹果、三星公司年报。

除了协同功能,苹果的成功也离不开内容生态的构建。iTunes和Apple Store的巨大成功让整个商业社会意识到了"传输价值捕获"。Apple Store的价值捕捉已经改变了苹果的游戏规则,为其带来了比所有硬件部门加起来更快的收入增长速度。通过iTunes和Apple Store,苹果有效地捕捉到了其硬件平台所创造的虚拟价值。随着苹果超越第三方音乐和电影,并开始创建自己的数字内容,这个内容生态系统将会更加丰富。iPhone的出现是苹果生态圈的一个破局点,帮助苹果将所有硬件和内容资源形成一个集成模型，开创了物理世界和虚拟世界协同的高维空间市场，对单一垂直价值链如相机、音乐播放器、功能手机等形成降维竞争。苹果改变了移动电信行业，移动世界不只是一台手机硬件，而是一个充满丰富内容的生态圈。

4. 文化升维

企业文化隐藏在只能意会不能言传的组织行为、思维方式和人际交往模式中。企业文化也随着企业的规模、成长阶段和业务领域不断变化而演变。企业需要根据当前及未来的战略目标设计、改进文化内容，进而提升战略效果。**企业文化随着思维升维而升维。**纵观商业发展史便不难发现，在那些改变公司命运的伟大变革中，不乏福特、IBM、微软之类的商业巨擘，均以文化为主要推动力实现变革或转型，文化之于企业的意义，非同小可。

企业文化具有流动性，能够将领导者的意图和管理者的执行力以及一线员工的知识和经验结合起来，从而实现集体升维。**文化升维，是为了让组织的目标与个体的目标和需求，原本在低维空间里相冲突的方面，在高维度的空间实现融合。**如果企业文化与战略不匹配，则反而会成为沉重的负担。客户期望、监管要求和竞争环境日新月异，正在发生前所未有的变化。传统企业的战略强调"收入""规模"和"成本管理"，追求利润最大化、规模最大化，高效和安全的企业文化大多以结果为导向，聚焦目标，强调秩序。传统公司的管理风格偏向自上而下的"权威"型，但在多变和不确定的环境下，企业必须变得敏捷。

平台化企业文化升维更注重赋能、利他、共赢和成就。平台化企业更注重使命感，为员工、客户和社会创造价值，使得客户、员工、股东、政府和社会形成和谐共赢的关系。

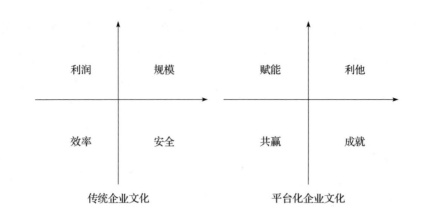

随着社会进步，千禧一代的员工再也不会像父辈们一样，十几年如一日在同家企业工作，为了获得个人利益、权力、社会地位和名誉不惜牺牲自己的追求，放弃个人梦想。他们更重视个人价值体现和个人职业发展，在工作中寻找使命、获得快乐。他们更注重个人气质与企业文化的匹配，对企业文化的认同不断强化自己的使命感。随着数字革命的深入，新一代人群可以随时随地在数字平台上获得机会、赚取报酬、实现自我价值，企业的全职工作已经不再是刚需，**企业的文化升维势在必行。**

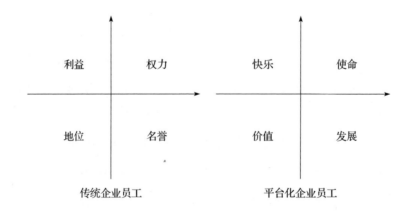

未来平台化企业的工作环境和氛围是开放的，接受质疑，提倡批判，以数据分析为基础达成共识。我们要把工作场变成"创意场"，让环境本身充满创意，激发员工的创造欲；要把工作场变成"生活

场"，因为工作即生活，甚至工作时间已经远远超过休闲时间，让工作场具备生活的功能，并拥有社交成长属性，员工自然心安理得。当然，最重要的就是要让工作场变成"欢乐场"，让员工在工作当中享受快乐，让他们带着喜悦离开工作岗位，带着期待奔赴工作岗位。

被誉为"全球零售业的奇迹"的**好市多（Costco）将提供卓越客户服务摆在企业最重要的位置，营造利他、共赢的企业文化**。当经济衰退和裁员潮袭来时，好市多的智囊团没有让一个人离职，反而给员工涨薪，以帮助他们共度艰苦时期。在好市多干了37年的一名员工表示，"就算你扔给我一袋子钱，你也别想诱惑我离开这家公司。"好市多员工被给予了更大的责任，由此造就了一支快乐和进取的员工队伍，"他们不断创新，也不断改进"。

好市多的创始人立下一条规矩：任何一件品牌商品的价格上调幅度不得超过14%，自有品牌科克兰的零售价不得超过其成本的15%。大多数零售商都在竭力扩大利润率，而好市多认为这与他们的企业文化相违背。虽然好市多的利润率只有2%，但是华尔街几乎与8100万好市多会员一样迷恋这家零售巨头，公司始终恪守其创立原则："以非常注重价值的价格提供高质量产品，公平对待客户和员工。"

数十载光阴转瞬即逝，好市多始终在灌输一种现在比以往更加竭力坚守的经营理念。杰夫·贝佐斯推出的亚马逊金牌会员服务就是在效仿好市多的会员模式，而不是好市多效仿亚马逊的电子商务模式。好市多的超级会员模式和"顾客至上"的企业文化不仅仅影响了亚马逊，国内电商新秀云集也随之效仿。云集通过建立超级会员体系，以使用并分享作为文化，打造了协同服务的网络，整合了供应链、物流、客服等一系列服务，通过这种方式为超级会员赋能。超级会员既是品牌的使用者，也是品牌的传播者与背书者，让超级会员不仅能在平台上获得社交分享价值，还为社交影响力提供盈利的机会。

5. 战略突围：构建三维空间中的平台化企业

平台化企业，即建立机制，连接不同的个体和组织，使之协同合作，同时建立各种机制，促使全局利益优化。 平台上"面"的作用是帮助"点"和"线"成功，使得平台上的每个组织和个体实现自我价值，达成广泛连接，形成网络效应。

"线"是平台上的众多组织。"线"利用"面"的各种基础服务、能力和网络效应，以较简单的方式快速发展，而不用花费巨大精力和成本重复建设，还能整合"点"带来的额外机会。

"点"则是平台上的每一个个体。大多数自由创业者只要借助"面"和"线"的资源与能力，不需要承担不可预估的风险，在数字时代就可以获得成功，这就是"点"的机会。"线"可以按照需求随时调用"点"的服务，增加了灵活性及弹性，从而提供更好的服务，吸引更多的用户，进一步促进生态系统的繁荣和发展。

只有"线"和"面"不足以构建完整的生态，"点"的加入使得生态系统更加丰富，如滴滴的司机、美团的外卖配送员、喜马拉雅的主播以及淘宝的卖家等。这些众多的"点"构成共生共荣的繁荣生态。

多个平台化企业构成"体"这个概念（如经济体），或者"面"中孵化出另外的"面"构成"体"。众多的"体"聚集又构成生态系统，而各个生态系统又集聚成为商业世界。企业未来的战略突围程度决定了其在"点—线—面—体"三维空间的定位。[一]生态系统里的"点、线、面、体"协同发展，共同演化，才能实现随时随地的全局动态优化。未来的商业竞争是生态系统间的竞争。如果"面"不能提供丰富的基础设施，就要让"点"发挥最大的活力并不断创

[一] 曾鸣. 智能商业[M]. 北京：中信出版社，2018.

新,刺激新的"点"与"线"出现,使得"面"变得更宽更广。更有活力的"面"会把"点"和"线"吸引走,原来的"面"就会慢慢萎缩,成为其他"面"的"线"或"点"。

传统商业逻辑更注重资产,如供应链的拥有和控制,而平台化**战略突围更注重的是影响与调度的能力**。数字时代,越来越重要的不是拥有多少资源,而是能调动多少资源,一个企业和个体能够拥有的资源数绝对比不上社会的集体资源,社会化的柔性供应链资源才是平台化企业的真正优势。

◀ 案例阅读:TATA木门的新零售突围⊖ ▶

创立于1999年的TATA木门,经过20年的发展,在全国建立了7大生产基地、26家工厂、2000多家店面,是中国木门最大的企业。TATA木门创始人在企业发展中,逐步升维,不断探索虚拟世界,带领**TATA率先进入新零售时代,融入阿里巴巴生态**。2008年,TATA木门成为阿里巴巴生态中第一个上线的木门品牌,进入天猫平台的二级入口。随着与阿里巴巴旗下天猫平台的深入合作,TATA木门"双十一"销售额从2015年的1.4亿元,发展到2016年的2.9亿元,再到2017年更是创造了6.19亿元销售额的传奇,一举夺得装修、建材、定制三大品类的三冠王。2017年,TATA木门在阿里生态的交易额为19.4亿元。借助阿里巴巴的生态优势,TATA木门逐渐升维,发展壮大,成为阿里生态里举足轻重的一条"线"。TATA木门借助阿里巴巴生态大数据建立品牌专属的数据银行,为产品研发

⊖ 素材来源于《天猫新零售》的《TATA木门:一年开近千家智慧门店,19年品牌的新进击》文章。

和精准营销提供数据支持。阿里巴巴生态的海量用户，以及对用户行为数据的统计，追溯每一个用户的画像，沉淀下更多的消费数据、用户行为数据，从而清楚看到用户从触达到转化、购买，再到交付和售后反馈，甚至是二次复购的完整过程，为日后进一步匹配消费者的精神需求打下坚实基础。TATA木门借力天猫平台逐步深入启动以大数据驱动新零售、规划定制方案、挖掘用户痛点的新零售步伐，拉开了全新的行业零售升维大幕。

除了融入生态，借助平台优势，TATA木门的战略突围还体现在线上和线下渠道的统合上，打造智慧门店，打破了交易的场景只在卖场的维度局限。智慧门店与传统门店不同，首先体现在卖场导购的变化。导购是和用户直接接触的人，相比传统门店的导购，智慧门店的导购考核指标不是卖货，而是获得用户的数量。他们的角色转换成"种草"和"割草"的人。客户进店之后，不再被导购拉着或者跟着，而是借助店内的硬件设备，在体验的过程中就完成了交易或数据的沉淀。比如，电子价签的应用——电子价签能够线上线下互联，线下产品与天猫店铺的产品是同步的，销量实时更新，线上的评论也实时呈现。用户通过电子价签上的信息，不需要过多的介绍，就可以直接扫码下单或者加入购物车。只要用户完成扫码这个动作，数据就沉淀在TATA木门的数据库中。用户在公司、家或者路上，只要有手机和一个链接就可以完成交易了。网格化的用户行为数据对企业的决策价值非常大。

很多品牌商也在积极探索新零售，但是苦于无法平衡线下经销商的利益，而TATA过去的经营模式几乎完全是批发经销，它又**是如何统一线上电商团队和线下经销商的利益的呢？**

TATA的天猫旗舰店只做运营，所有运营费用由TATA承担，线上全部订单自动分配给各个城市的经销商。TATA不收取任何佣金，把经销商视为TATA的家人，称各个城市的经销商为城市经理。经销商按批发价从TATA进货，批发价与零售价之间的差额就是经销商的利润，TATA只赚批发利润。㊀

对大多数经销商来说，考虑是否加盟要看能不能盈利，而开启智慧门店之后，在门店导入数据库中的客户资料，在线上完成的交易也可以自动归属到这个智慧门店的销售额。之前在线上完成的交易，售后服务大多空缺，有了智慧门店以后，售后服务可以由就近的智慧门店来完成，大幅度提升了用户体验，并促进了交易。用户数据的导入、沉淀、跟踪和交易，打破了传统零售线上线下相争的僵局，在更高维度上统合了线上与线下渠道，合二为一。除了智慧门店，将来统合的维度还有物流和工厂，不断探索新的技术方案，提升客户体验，提高客户转化率。

二

微粒与重构

物理学是一种人类社会对所处物理世界的认知图谱。人对自然界的认识来源于实践，而实践的广度和深度都难以逃脱历史的局限性。随着实践的扩展和深入，物理学的内容也不断扩展和深入。**在一定时期内，人们对客观世界的认识，只是相对的真理。**物理学家约翰·道尔顿于19世纪提出原子学说，指出化学元素由不可分

㊀ 陈赋明. TATA木门：用新零售踹开千亿大门［J］. 商业评论，2018（6）.

的微粒——原子构成；原子通过一定的作用力，以一定的次序和排列方式聚合成分子。分子是原子的结合体，分子又构成物质，是物质中能够独立存在的相对稳定并保持物质的物理化学特性的最小单元。原子在化学反应中不可分割，但在物理状态中可以分割。经典力学的学说应用于原子、分子以及宏观物体的微观结构时，其局限慢慢显示出来，因而发展出了量子力学。⊖

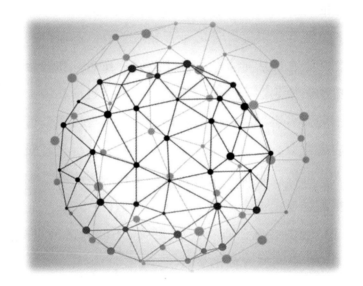

管理学理论与物理学理论的发展一样，都是源于实践。实践的广度和深度的局限性决定了管理学理论只能在特定的时期内有效，而非长久的真理。纵观公司的发展史，不难看出**"分久必合，合久必分"的循环与升级规律**。在股份公司出现前，企业形态一直是以个人独资企业与合伙企业为主，最早可以追溯至古罗马时期的家族经营团体。最早产生的公司形态是无限公司，但随着股份有限公司和有限责任公司的产生，这些形式都退居二线。

为了提高生产力和生产效率，亚当·斯密提出分工理论，使得

⊖ 卡洛·罗韦利. 七堂极简物理课［M］. 文铮，陶慧慧，译. 长沙：湖南科学技术出版社，2016.

劳动者从事某种专项操作，以便于提高技术熟练程度，利于推动生产工具的改革和技术进步，减少工种的变换，也有利于劳动时间的节约。㊀泰勒提出科学管理，要达到最高的工作效率，重要手段是用科学化的、标准化的管理方法代替经验管理。福特和管理层采用了一种称为"流水装配线"的生产技术，这一新机制的引入让生产力产生了质的飞跃。自动化流水线给福特汽车厂带来了奇迹般的飞跃，公司由年产788辆，跃进到17万辆，第二年25万辆，第三年73万辆，也就是每10秒钟从它的传送带上下来一辆新车。㊁历史证明，这种由福特公司开创的管理方法，标志着世界工业史上一个新时代，即大规模自动化生产时代的来临。

随着企业规模的不断扩大，业务的不断扩展，领域的不断扩张，范围的不断扩大，企业从单一的工厂发展为多层级、多事业部、多分子公司、多地区跨国家和大洲的庞大组织，宝洁就是其中的缩影。宝洁是一家充满传奇色彩的公司，从1837年美国俄亥俄州卖肥皂和蜡烛的小作坊到如今的全球日常用品巨头，全球雇员近10万人，在80多个国家设有工厂及分公司，巅峰时所经营的品牌达300多个，产品畅销160多个国家和地区。㊂

然而，荣光过后宝洁面对的是增长乏力。自2013年以来，宝洁的销售一直停滞不前。也是从2013年起，"瘦身"和"变革"就持续伴随宝洁，他们历次在公开场合强调希望更加聚焦主业。2017年，宝洁宣布将砍掉超过100个品牌，将全球品牌缩减至65个。2018年，宝洁宣布重组公司架构，将根据产品品类来组建业务单

㊀ 斯图尔特·克雷纳. 管理百年 [M]. 闫佳, 译. 北京：中国人民大学出版社，2013.
㊁ 斯图尔特·克雷纳. 管理百年 [M]. 闫佳, 译. 北京：中国人民大学出版社，2013.
㊂ 摘自百度文库中的"宝洁"词条，具体见 https://baike.baidu.com/item/%E5%AE%9D%E6%B4%81/524846?fr=aladdin。

元(SBU)。每个业务单元都有各自的CEO,主要业务运作都放在业务单元内。宝洁将缩减公司的共用资源,如财务、IT等,将更多共用资源分到各业务单元里去,仅保留平台级的研发体系,这就是一种**平台化尝试**。⊖宝洁希望通过此次调整**提升组织灵活性,更快速地对市场做出反应**。但由于企业体制过于庞大,转型速度难以迅速提高,即使宝洁多次出售品牌以瘦身自救,效果却不甚明显。2019年年初,宝洁考虑到成本、管理需求以及成交量低,从巴黎泛欧交易所退市,不过仍在纽交所上市交易,这也是其股票交易的主要板块。⊜

宝洁是大工业时代的经典产物。工业时代,生产将人们的需求整齐划一,从物料采购到设计生产,到广告投放,再到销售渠道,一直到售后客服,全部被整齐规划好,然后通过标准化的量产,使产品渗透到人们生活的各个角落。然而随着数字科技的发展,产品的"定制化"正在逐步吞噬着工业时代的"战利品"。人们的个性化需求被充分唤醒,越来越多的小众化产品开始满足不同人群的需求,并且消费重心开始向消费者一端转移。人们对品牌的意识逐渐淡化,对自己的内心需求越来越清醒,这导致产品越来越细分,越来越小众化。

根植于工业时代的宝洁,擅长的是以大规模、低成本通过大渠道满足大部分消费者的需求。在品牌端,宝洁可以重金拿下电视媒体黄金时段的投放权,并形成战略合作伙伴,在传播渠道稀缺的时代,其他品牌要想进入消费者的视线难如登天。在渠道端,宝洁与

⊖ 陈妮希. 宝洁营收668亿美元回到十年前,中国市场份额缩至30%[N]. 长江商报, 2019-01-28.

⊜ 财务第一教室. 宝洁,退市![EB/OL].(2019-03-20)[2019-07-01]. http://finance.sina.com.cn/stock/relnews/us/2019-03-20-doc-ihsxncvh4057778.shtml?source=cj&dv=2.

沃尔玛等零售业巨头进行合作，可以在沃尔玛等零售巨头的扩张中迅速地把产品带到更多消费者的面前。随着互联网特别是移动互联网的发展，信息传播渠道和商品零售渠道进入碎片化时代，消费群体也开始分化。一些小众产品、特殊功能产品开始进入消费者的视野，宝洁的产品也不再能满足分化的消费者的升级需求。宝洁的创新、扩张与成功无疑是停留在**二维世界的线性的渐进式创新**，没有将消费者需求的本质用数字技术做精确解析，将维度细分到极致。

除了外部商业环境的变化，宝洁内部曾出现"大企业病"，各种流程、汇报体系烦琐，决策速度慢，决策链条长，组织反应速度慢，难以迅速应对日新月异的市场变化。正如一位服务宝洁的广告公司所说："有时卖场要做一个应季的推广活动，等到宝洁批复时，节日已经过去了。"[一]在信息渠道分化的情况下，宝洁如何获取消费趋势信息，并依据信息迅速做出决策显得十分重要。显然，产品、品牌或者渠道上的每一种变化，都需要具备相应的组织能力保证决策的准确、迅速。企业的组织能力若不能与市场发展的速度相匹配，必然会影响企业各方面的创新能力，而组织能力本身不足也是企业创新观念缺乏的表现。宝洁的组织变革，预示着全球化公司的矩阵式组织模式已经走到了一个转折点上。

未来商业世界必将经历新一轮的解构与重组。数字技术帮助我们看得清、看得透，新一代数字技术将再造物理世界的镜像，从分时到实时，从宏观到微观。**整个商业社会都将经历从 1 到 0——微粒化的解构，组织将经历微粒化重组**。数字化技术帮助人类对世界的认识尺度达到前所未有的细微精确度，[二]例如健康腕表时时刻刻侦测人的体征数据，物联网的发展让人们时时刻刻清楚商品的运输状况。数字技

[一] 砺石商业评论. 时代在发展，巨头却倒退回十年前，宝洁跌落神坛［EB/OL］.（2019-03-20）［2019-07-01］. https://36kr.com/p/5130728.

[二] 克里斯多夫·库克里克. 微粒社会［M］. 黄昆，夏柯，译. 北京：中信出版社，2017.

术在物理世界和虚拟世界之间建立联系，实现物理世界与虚拟世界互联、互通、互操作。过去几十年数据量的爆炸式增长意味着物理世界的数字镜像不断完善。未来，物理世界的数字镜像将从分时到实时，从宏观到微观，形成一个完整的虚拟世界。虚拟世界的作用是辅助人类进行物理世界的改造，并进化到决定物理世界改造。

企业的领导者和管理者既要有大的格局，又要在很小的单点细致入微，既要能聚焦（zoom in），又要能延伸（zoom out），两个极端，来回切换，矛盾统一，完美平衡。如果说升维是延伸（zoom out）抽象的过程，穿过未来看现在，站在更高维度俯瞰全局的话，那么微粒化就是精准聚焦（zoom in）的过程——**借助数字技术构建数字平台，将组织做微粒化的分解、聚合和裂变。**数字技术将我们对物理世界事物的认知逐步解析。**微粒化就是无限缩小的过程，从宏观的组织聚焦到分子，到原子，再到能量。**

我们生存的物理世界由粒子（particle）组成，粒子指能够以自由状态存在的最小物质组成部分。最早发现的粒子是原子，后来是电子和质子，之后这类粒子发现越来越多，这些粒子并不属于同一层次，之间的作用力也不同，[一]我们统称它们为粒子，是一种物理模型理念。把物理学理论应用到管理学领域中，提出发人深省的管理思想，在管理百年史上屡见不鲜。然而，随着物理学理论的不断发展，我们的管理逐步从宏观视角走向微观视角，颗粒度越来越细，粒子与粒子之间的关系也越来越清晰。

物理世界的微粒化指的是数字技术的发展让世界上的人、事、物都变得可以看见，可以赋能，可以管理。**平台化管理就是运用物理学粒子的概念将商业社会各个元素进行微粒化而提出的一套综合

[一] 卡洛·罗韦利. 七堂极简物理课［M］. 文铮, 陶慧慧, 译. 长沙：湖南科学技术出版社, 2016.

管理思想，其统合平台化企业的关系、能力、结构、绩效和文化，进行解构再重构的理论化创新。

组织的微粒化使得企业不再是一成不变的稳定形态，而是具有液态特性的柔性组织、网络型组织，企业内部和外部的边界变得模糊，内部和外部的人员可以"自由流动、自由组合"。微粒化的组织内可以仍然存在着"部门"，但部门的边界已不清晰、不重要，组织成员长期处于"共同创业"状态，随时可以组织钉钉群、成立项目组开展新事业。大量的商业流程被流动的数据所驱动，并在企业之间展开灵活组合，新的组织边界也呈现为一种网状交融的格局，企业组织由此将进一步走向开放化、社区化。

◀ 案例阅读：海尔的三化改革 ▶

世界上绝大部分的大企业，包括苹果、微软和腾讯，都害怕自己的员工创业后离职或颠覆了自己的商业模式。海尔则大有不同，海尔是第一家先向员工、后向全球开放内部资源鼓励创业的大公司。从"人单合一"到"海创汇"，海尔的改革步伐从未停下。海尔创立的"海创汇"目前主要拥有三大类创业模式，即企业内部创业（分子分解）、创业带动就业、共享式创业（原子聚合）。

2013年，海尔进行企业平台化、员工创客化、用户个性化的"三化"改革。海尔集团的平台化就是总部不再是管控机构，而是一个平台化的资源配置与专业服务组织。海尔还提出管理无边界、去中心化的理念，后端要实现模块化、专业化，前端强调个性化、创客化。㊀

㊀ 屈丽丽. 海尔转型真相，张瑞敏"砸碎"旧组织 [N]. 中国经营报，2014-06-21.

张瑞敏对海尔原有的组织和模式进行了大刀阔斧的再造,将8万多人的大企业变成2000多个自组织(自主经营体),"让每一个员工都像他一样充分感受到市场的压力"。张瑞敏所做的正是将大组织给微粒化。张瑞敏认为"要做生态圈,做并联平台的生态圈,才能生生不息"。

"人单合一"是一次伤筋动骨的大手术,是一场无边无际也无界的革命,颠覆了企业传统的科层制组织,轰动业界。所谓的"人单合一","人"指员工,"单"指用户价值,"合一"指员工的价值实现与所创造的用户价值合一,组合在一起的基本含义就是,每个员工都应直接面对用户,创造用户价值,并在为用户创造价值中实现自己的价值分享。"人单合一"运用了"分子分解"的原理,将体积庞大的组织分解成经营最基本的原子,结合会计核算体系去核算每个员工为公司所创造的价值,依据员工所创造的价值来进行企业价值的分享。这种模式使海尔内部形成了无数个小小的自主经营体,员工自我经营与自我驱动。⊖

海尔于2014年5月专门成立"海创汇"创业孵化平台,打造开放的共享式双创平台,平台力图打造众创、众包、众筹、众扶等多种孵化模式。短短五年时间,海尔已经在全球布局20个创新创业基地,如今,早已成为面向全球创客的开放大平台。海尔从"人单合一"开始对组织进行"分子分解",打破企业的边界,从激发内部创业,到吸引外部人才到海尔平台创业,大量引入社会人力资源进行"原子聚合"形成新的团队或组织,再到去硅谷和以色列吸引人才到海创会创业,扩大"原子聚合"范围。

⊖ 曹仰锋. 海尔转型:人人都是CEO [M]. 北京:中信出版社,2017.

海尔海创汇孵化了雷神、小帅影院等知名的小微创业企业，2015年起，大来科技、端点科技等一大批"外来户"争先抢驻海创汇，证明海尔"双创"模式已经换挡。根据最新统计，外来创业者已经成为海尔创业平台的主力军。

海尔的案例启发我们将对管理学的思考对应到自然科学中。自然界中化学反应的实质就是分子分解成原子，原子结合成新的分子，分子聚集成物质。对于平台化的企业，为了适应外部不确定的经营环境，为了紧跟变化莫测的商业趋势，为了随时调整战略目标实现飞跃式发展，管理的实质就是随时随地解构与重构——**将臃肿的大组织微粒化分解成单个个体（原子），形成一个个灵活多变的小前端（这是分子分解的过程），像触角一样在市场前沿探知市场脉络走向；个体（原子）再重新聚合成小团队或小组织（这是原子聚合的过程），像蚂蚁族群一样聚合在一起完成共同的目标，而这些小团队或小组织（分子）又可以聚集成平台化组织。**

1. 分子分解

平台化组织是一种松散的组织结构，打破了传统自上而下的层级结构，将权力分散到各个小团队或小组织（分子）与单个个体（原子）。平台化管理的原则之一是每个人都是领导者，弱化等级权力结构。海尔是第一个传统企业实现平台化转型，将平台化管理思维与自身商业模式结合起来的企业——把中层管理者（原子）剥离出来，把他们变成微型企业CEO。所以每个微企业都直接与自己的客户打交道，开发自己的产品。这是平台化管理里分子分解的过程，每个分子都是平台化组织里的中台。平台化管理里松散的组织架构是为了不断向市场发起尝试，试图寻找最合适的解决方案。**平**

台化管理在企业管理结构中构建一种"化学反应式"方法来探索多种可能的未来，组织可以随时分解成原子，原子聚合成分子，分子再形成物质。平台化管理模式更有利于可持续发展。

平台化管理的分子分解是将个体（原子）或小团队从组织中剥离出来，形成超级个体或自主经营的小团队。**分子分解的核心目的是回归基本元素。**组织最重要的使命是保护个体的内心自由，找到个体的自我驱动力，实现自我价值；是保护组织内个体的平等，从而达到组织整体利益的平衡。

2. 原子聚合

企业边界的模糊促进和组织内外部的交流与融合，人员和资源能够双向流动、自由组合。**企业分解出去的个体（原子）以某种业务、功能或者某种任务结合原组织内部分解出的其他原子和社会上游离的原子聚合而成新的团队（分子）。**如此一来，每个团队或小型组织都是一个独立经营、独立核算的利润中心。平台化企业通过这种原子聚合的方式将企业发展理念和方向传递给每位成员（内部、外部皆可），让每位成员具备经营者的责任感，协调平台化企业发展目标和分子组织目标以及原子个体发展目标。

北美的医院都是非营利的平台组织，只做基础设施投入和行政管理，而医院和各个医生的诊所是合作关系。这些诊所在我们的平台化企业管理框架里将之视为"分子"，是一个个独立经营与核算的最小经营主体。而我们视医生为"原子"，诊所里聘请的其他医生或医生助手（其他"原子"）围绕着医生这个"原子"自由排列组合成为分子，称之为"原子聚合"。其他医生和助手与医生一样，并不隶属医院，他们也可以为别的医生或诊所工作（分子分解成原子，原子再聚合）。医生可以根据医院的品牌、声誉和基础设施的优劣选择不同的医院合作（分子再聚合成新的组织），也可以聘请新的医生和助手（原子再聚合成为新的分子）。

3. 原子裂变

澳大利亚最大的房产中介平台华人地产投资联盟（Property Investors Alliance Pty Ltd.）就是利用"原子裂变"似的方式迅速进行复制和扩张。这家房产中介平台除了构建数据化管理系统中台的技术人员外，只有管理者与其他两位运营员工，他们共同管理着500多个房产经纪人，年销售额达18亿澳元。旗下房产经纪都是以"分子分解"或者"原子聚合"经营，有些大房产经纪作为团队领导带领几名房产经纪自由组成小团体（分子）在平台上运营，作为管理者管理着小团体的业绩和开支，作为导师传授自己的销售理念、分析方法以及销售技巧等给另外几名年轻的经纪人。当另外的几名经纪人逐渐成熟，他们开始脱离这个小团体，在这个平台上以原子或者形成新的分子拓展新市场或开展新业务。平台化企业管理中，我们**将"原子裂变"视为可迅速复制和大规模扩张的机制**。"裂变"以一个（或几个）点为基础，成功突破了一个（或几个）点后，再进入严格复制，由一个成功的点复制出另一个点，两个点再分解为四个，四个变八个。以此类推，先慢后快，逐步推进，最终步步为营，快速高效地实现全覆盖，快速迭代与不断创新。

与之类似，自主性较强的职位如各个行业的销售经理、医药代表也可以通过平台成为原子，建立和保持自我解放性连接，自由组合成分子，自己创造出支持环境，实现工作目的，实现自我成长。这些与平台的连接让人们成为自由创造的个体，同时让他们与工作结合在一起，保持产出效率。工作的意义是原子的个人兴趣，动机则是他们与世界需求之间的桥梁。我们采访的一位销售经理转为原子后（自由职业者）表示，"成功更多意味着在生活中服务他人，让世界变得更好。"传统职场中无法找到精神空间或力量，自由工作的意义让更多这样的销售经理坚定沉着、干劲十足，同时也能鼓舞他人。自主选择下的工作赋予他们本真和自信，也能吸引更多原子加入。

原子裂变还可通过数字技术进行大规模扩散，将个体智慧和思想融入数字技术中快速复制，通过平台的力量影响更多个体。例如，大学里的明星教授们在教授自己学生的同时，可以把课件和录像做成音频和视频发布在各大平台上，让更多人通过平台学习，教授天下愿学之人。

所以，在平台化企业管理中，我们期待更多分子分解和原子聚合式的组织变革，从而产生"原子裂变"释放出巨大的创新活力，而不仅是分子化分解。

◀ 案例阅读：趣头条的内外平台 ▶

趣头条是一个为创作者和自媒体人打造的内容分发平台，通过大数据算法和云计算等技术，为互联网用户提供感兴趣、有价值的个性化内容及服务，创业不到2年3个月上市美国纳斯达克，通过"原子裂变"的方式进行快速扩张。趣头条平台上面累计有差不多100万自媒体的作者和一些第三方多渠道内容创作机构（multiple-channel network，MCN），每天活跃的自媒体作者大概是5万，5万家自媒体作者和MCN机构在平台上活跃，每天在平台上的发文数量是20万~30万篇，趣头条服务这么大一群自媒体作者。

趣头条的外部平台：趣头条平台除了直接给自媒体作者使用以外，还提供给创作者一套完整的API接口，每个功能都有一套或者是一组开放的API接口，可以写程序、代码的方式来操作这些功能。比如，一个自媒体作者要注册成平台的一个自媒体作者，他通过平台协议的接口提交信息，自动地来注册。再比如，一个MCN机构可能管理了几百、上千个自媒体的账号，他可以通过写程序的方式，自动化地去管理他的这些账号和内容，而不需要通过人工的方式做。趣头条提供一套比较完整的自媒体作者的平台API和协议，是广泛开放给业界的。**这个平台使得原子（自媒体作者）和分子（MCN机构）都可以繁荣发展，进行自由的聚合和裂变。**

趣头条的内部平台：趣头条内部构建了很多个子平台，子平台组装起来就可以形成一个流量或者是内容分发的平台。比如，内部技术中心就是一个服务集市，用这个服务集市可以获得更高的业务迭代效率，可以陈列更多有业务价值的服务的集合，可以打造一个更稳定、高效的服务。**内部服务集市通过提供标准化的API，给线上业务随时调用资源或资产，赋能给平台上的员工与团队（原子和分子）随时聚合和裂变。**

平台化管理思想，将维度和粒子的物理学概念，融入数字时代的管理，形成一套完整的管理系统，重新诠释了管理的五个要素：关系、能力、结构、绩效和文化。**平台化管理将个人与组织像物理学中的粒子与波一样进行统合，使得组织的使命和个体的使命达成一致，实现个体自我驱动。**

关于未来组织与个人的关系，阿里巴巴集团参谋长曾鸣认为，"虽然未来的组织会演变成什么样，现在还很难看清楚，但未来组织最重要的功能已经越来越清楚，那就是赋能，而不再是管理。"以科层制为特征、以管理为核心职能的公司，面临着前所未有的挑战。组织的职能不再是分派任务和监工，而更多是让员工的专长、兴趣和客户的问题有更好的匹配，这往往要求更多的员工自主性、更高的流动性和更灵活的组织。与工业时代以"企业"为基本经济主体的时代不同，新的时代将是一个以"小微企业和个人"为基本主体的经济时代。这将成为新时代里全新的社会与组织景观。

在这个小微企业和个人为商业社会基本元素的时代，不仅管理者需要强烈的使命感和使命驱动力，每个人也需要自我驱动力去长期激励自我。比如，特斯拉的创始人马斯克就拥有一种令人难以置信的内在驱动力量，他能够在重压之下仍然驱使自己每周工作120小时，仿佛永远不知疲惫。一位员工表示："马斯克可能每周两三天会睡在他的办公桌下，地上是用水泥铺成的工业地毯。他没有枕头，也没有睡袋。我不知道他是怎么做到的。"SpaceX从上到下都以拯救人类为使命，SpaceX的发展充满了跌跌撞撞，我们会发现所有人，包括内部员工和外部供应商，都受到拯救人类这个使命的激励去完成一些看似不可能的目标，因为那是自我价值的实现方式，也是他们持续获得快乐的原动力。

不仅SpaceX，特斯拉的品牌忠诚度也让人感动而又费解。2018年第三季度，特斯拉陷入盈利压力，很多特斯拉车主发邮件申请到工厂当免费志愿者帮助送车，申请多到工厂要发拒绝信。遇到季末全球零部件临时涨价，一些大的经销商宁可损失好几百万也要下单帮特斯拉填补现金流。不仅顾客，员工们同样如此。特斯拉全球任何一个员工都能一字不差地说出公司使命，和这样有热情的人一起工作很是愉悦。他们当中很多人是推掉更多钱或更有闲的工作来特斯拉工作，他们都说这不是关于钱的事。波多黎各海啸，马斯克自己掏腰包买了几千单元的电池，让工程师轮番去波多黎各为灾民做灾难疏解。平时坐在办公室里对着电脑，完全感觉不到工作会给一些真实的人带来举足轻重的影响。灾民们通上电以后的喜悦带来的这种震撼，让特斯拉的员工们马上看到工作所带来的影响力，觉得一切都很值得，使命感倍增。工作除了让人在事业上飞速成长，获得物质奖励的同时，还需要信念和使命感支撑员工早上很早起床去面对长时间的工作和挑战。马斯克的能量激发了高管、感染了消费者、驱动了整个社会，未来的领导力透过个体传达使命感、价值观，打破组织的边界。

三

平台化管理的"五化模型"

平台化管理，融入了心灵世界升维和物理世界微粒化的核心思想，不仅为领导者和管理层提供了一套全新的思考维度和思想体系，还指出了传统企业在发展过程中实现平台化转型和升级必须进行全面统筹与考量，包括关系、能力、绩效、结构和文化的构面，形成了平台化管理"五化"模型，其中包括关系多样化、能力数字化、绩效颗粒化、结构柔性化与文化利他化。这整套的思维框架方法论能够帮助企业迈向即将到来的智能化时代。传统企业想要实现平台化，这五个因素需要互相配合，互相作用。企业的绩效和能力是骨架，关系和文化是血肉，数字技术是基础，基于这个模型管理战术随时迭代，根据外部商业环境的变化随时调整，实现动态平衡。我们将在后续的章节中分别阐述。

平台化管理的"五化"模型中的关系、能力、绩效、结构和文化这五个要素并非是孤立割裂的，而是紧密关联，牵一发而动全身。平台化管理的五化模型是在系统原理和组织生态学理论的基础上建立起来的。共同进化（co-evolution）是企业生态系统理论的核心内容之一，企业竞争优势来源于在成功的企业生态系统中取得领导地位，并引导整个商业生态系统共同进化。平台化管理表现出如下典型特征。

1. 关系多样化

企业的发展终归是以人的创新动力为主要驱动力，因此人的边界就是组织的边界。平台化管理将助力企业塑造成一个无边界的组织，打造可以无限拓展的商业模式，最大化释放个体的创新活力，逐步升维为更高层次平台型组织。战略的选择、组织的变革和企业文化的升级也必然会影响到企业内部的人际关系、企业与外部用户的关系、企业与企业间的关系。

平台化企业的"信任存量"是企业竞争力的重要标准，所有的关系都以此为基础。数字时代，人与人之间的本质关系究竟是怎样的？传统的雇用关系与上下级关系依然存在，但却发生了本质变化，雇用关系掺杂了平等与合作，上下级关系加入了赋能和成就，也许今天的项目你是领导，明天的项目就变成我是领导。此外，还产生了新的关系，例如云集称之为"产销者"的"超级用户"，将员工和用户的定义模糊化，用户就是员工，员工也是用户，但最本质的还是连接的合作关系。平台化企业重视个体的独立性，人与人的关系也更直接与平等。当人与人在职场的聚散变得灵活多变时，平台化企业的关系是协作、共情的，根本上说是回归了人性的本质需求——支持与尊重。

2. 能力数字化

平台化企业搭建数字化业务运营管理系统，沉淀运营数据并时时分析资产绩效，搭建 API 结构，建立服务和产品集市，进行应用和应用之间的连接、平台和平台之间的嵌套，对组织进行微粒化分解。数字智能系统帮助平台化企业构建战略性资产，外包非战略性资产，利用其他平台调取社会资源为企业所用，减少重复固定资产投入，创造最大剩余价值。平台化企业利用数字技术以低成本提供快捷服务，高效率创造价值，持续不断降低交易和摩擦成本，以低成本试错，不断新陈代谢与自我优化。

平台化企业所需要的管理者不是通常意义上的"强势领导者"，而是可以成就个体实现自我价值的赋能型管理者，可以帮助个体发展的教练型管理者。他们要适应数字时代多变的消费者需求，企业就需要向柔性化组织与云组织转变，领导力与企业文化相辅相成，渗透到组织的各个角落，帮助管理层集体升维，对组织和个体都产生深远影响。与平台管理相匹配的领导力，不是"强"，而是"柔"——管理者要适应的并非传统的纵向管理关系，而是以平行关系（平等）为主、纵向关系（权威）为辅的管理关系。

3. 绩效颗粒化

与传统绩效管理的量化不同，平台化绩效是以数字技术为核心对组织中的各个元素——整体组织—各个分子—各个原子进行全方位的颗粒化解析和评价。平台化绩效利用数字技术引用大量非经营性数据，针对不同工作性质和不同运营主体，沉淀不同的数据进行考核。工作维度和评价主体的颗粒度无限细分到每分每秒，精确度和通透度极大升高。平台化绩效全面构建的数据模型对绩效变量进行系统性分析，研究绩效考核指标和绩效表现之间的因果关系，不断优化考核指标，实时反馈考核结果，从过程中及时介入，优化被考核者行为，最终改善组织结果。

4. 结构柔性化

平台化企业的组织变革将原本科层明确、封闭的组织体系向扁平化、网络化、开放的无边界的平台生态系统转变。平台内的员工、合作各方都成为平台上的资源整合单元。平台上的各个单元可以随时随地自由选择和组合平台上的合作伙伴，调用平台资源。平台以其强大的基础设施和资源、灵活多元的分解和聚合方式进行组合，有效地激发各分子（单元）和原子（个体）的积极性，迅速扩大平台规模和影响力。平台化企业基于自身业务构建相应的平台基础设施，建立广泛连接，调用社会资源和原本业务结合成全新的组合商业模式，以"产融互动、产网互动、产财互动"为逻辑，进行业务延展。

5. 文化利他化

平台化企业文化之魂是利他的，赋予个体强烈的使命感。平台化企业的文化是升维的，需要领导层认知升维，管理层集体升维。升维的目的是满足个体的精神需求，调动个体的精神力量和信念，使他们产生归属感、自尊感和成就感，从而充分发挥巨大潜力。企业文化的成败关键在于个体对企业文化的理解和认同程度。升维的理念和行为准则可以使个体产生强烈的使命感和持久的驱动力。利他的企业文化就是自我激励的原动力。同时，企业共同的价值观、信念及行为准则又是一种强大的精神支柱，能使人产生认同感和安全感，起到相互激励的作用。

传统企业的战略管理思考方式要求针对竞争对手建立起可持续的竞争优势，然后关闭城门，严防死守。如今，信息稀缺、配送资源稀缺、市场覆盖面不足、商品和服务匮乏等竞争壁垒土崩瓦解。数字时代，企业必须以数字化连接的大流通为基础开创开放性平台，谋求共创与发展。平台化管理，是对传统管理理念和管理方式的重构，通过领导者认知升维推动企业文化升维，带动管理层集体升维，进行战略突围；构建企业数字化能力，将传统企业公司架构进行分子分解、原子聚合和原子裂变，实现战略平台化和组织微粒化。

表 2-1 对平台化管理理论构建中涉及的升维、突围、微粒化以及组织重构几大概念进行了梳理。

表 2-1

升维	思维升维	• 管理机制与心态的创新型升维 • 重新审视与竞争对手的关系，突破零和博弈，使各方利益在高维空间里统合
	战略升维	**战略升维注重的是影响与调度的能力** • 在高维度预测整个商业社会发展的大方向 • 寻找在低维空间里隐身的战略选择 • 寻找跃迁的"虫洞"和破局点 • 整合内部和外部资源，全力投入，实现飞跃发展
	文化升维	• 让组织的目标与个体的目标和需求，原本在低维空间里相冲突的方面，在高维度的空间实现融合 • 平台化企业文化注重赋能、利他、共赢和成就的使命感 通过文化升维，构建生态领导力，输出平台价值观，实现管理层、全体员工和所有合作伙伴集体升维
突围	构建三维空间中的平台化企业	**社会化的柔性供应链资源是平台化企业的优势** • 平台化企业，即建立机制，连接不同的个体和组织，使之协同合作，同时建立各种机制，促使全局利益优化 • 平台上"面"的作用是帮助"点"和"线"成功，使得平台上的每个组织和个体实现自我价值，达成广泛连接，形成网络效应 • "面"：提供平台基础设施，输出平台价值观 • "线"：平台上的小组织，利用"面"提供的各种基础服务、基础设施、数字化能力和平台价值观，以较简单的方式快速发展，不用花费巨大精力和成本重复建设，还能整合"点"带来的额外机会 • "点"：平台上的个体（自由创业者或兼职者的泛指）借助"面"和"线"提供的资源和能力，不需要承担不可预估的风险，获得更好的个人发展机会。"线"可以按照需求随时调用"点"的服务，进行内外部资源整合，增加企业灵活性 • "面"中孵化出另外的"面"构成"体"。众多的"体"聚集又构成生态系统，各个生态系统又聚聚成为未来商业世界 • 企业未来的战略突围程度决定了其在"点一线一面一体"三维空间的定位

（续）

微粒化	组织微粒化	平台化管理在企业管理结构中构建一种"化学反应式"方法来探索多种可能的未来，组织可以随时分解成原子，原子聚合成分子，分子再形成物质 • 组织将经历从1到0——微粒化的解构和重组 • 构建数字化平台，借助数字技术将组织做微粒化的分解、聚合和裂变 • 微粒化：将组织无限缩小的过程，从宏观的企业，到分子，到原子，再到能量 • 微粒化组织不再是一成不变的稳定形态，而是具有液态特性的柔性组织、网络型组织，企业内部和外部的边界变得模糊，内部和外部的人员可以"自由流动、自由组合"
组织重构	分子分解	• 将臃肿的大组织微粒化分解成单个个体（原子），形成一个个灵活多变的小前端，像触角一样在市场前沿探知市场脉络走向 • 分子分解的核心目的是回归商业社会基本元素 • 平台化组织的使命是保护个体的内心自由，找到个体的自我驱动力，实现自我价值；是保护组织内个体的平等，从而达到组织整体利益的平衡
	原子聚合	• 企业分解出去的个体（原子）以某种业务、功能或者某种任务结合原组织内部分解出的其他原子和社会上游离的原子聚合而成的新的团队（分子） • 小团队或小组织（分子）又可以聚集成平台化组织
	原子裂变	• 可迅速复制和大规模扩张的机制。"裂变"以一个（或几个）点为基础，成功突破了一个（或几个）点后，再进入严格复制，由一个成功的点复制出另一个点，两个点再分解为四个，四个变八个。以此类推，先慢后快，逐步推进，最终步步为营，快速高效地实现全覆盖，快速迭代与不断创新 • 原子裂变还可通过数字技术进行大规模扩散，将个体智慧和思想融入数字技术中快速复制，通过平台的力量影响更多个体

第三章

关系多样化

NEW

MANAGEMENT

IN DIGITAL

ERA

随着数字革命的深入,以及人工智能的深度应用,人们的工作和生活进入崭新时代。原本封闭的企业组织内部和外部的关系被数字技术冲击得天翻地覆。互联网开创了信息免费的新时代,移动互联网让全球范围内的资源共享以及持续通信成为可能,云计算让所有人都能以低廉价格应用强大计算功能和无限存储空间,人工智能正在取代那些机械性、重复性的体力和脑力劳动。数字技术不断冲击着企业边界构建的无形"玻璃墙",企业内部和外部的人和资源开始双向流动,为其带来前所未有的严峻挑战。时代不允许我们选择关闭城门、严防死守。只有开放才能拥抱成千上万的人才,才能让员工和用户拥有选择的自由,才能实现"原子裂变"式的快速扩张。因此,**随着企业逐步平台化,企业内部的关系发生了"质"的变化,逐渐从传统尊重职位和职权的层级式关系转化为尊重专业、相互成就的平等关系,从传统论资排辈、尊重资历的关系转化为轮流"坐庄"当组长的共创关系,从传统封闭式的紧密关系转化为更加开放、分享的合作与共赢关系。**

回顾过去十年间电商平台的萌发、发展和兴盛轨迹,我们可以清晰地看到其不断升维的过程:数字化的全渠道营销能够整合多条供应链和全局产业链,为消费者提供全方位的精准服务,加速交易闭环的完成。我们经历了淘宝的C2C模式、京东的B2C模式、拼多多的S2C模式,再到云集的S2b2C模式,"超级用户"已经成为各大互联网平台竞相争夺的核心圈层用户。好市多、亚马逊、小米和云集为什么要以"超级用户"为核心?随着商业模式不断升维,

"超级用户"驱动的交易正在构建新关系。这种关系如同病毒,从零售领域不断复制、扩散。在分析交易场景时,我们的视角也从空间、时间和事件进化为人、时间和文化。数字时代,用户本身就是交易场景,用户的流动与情绪的切换,无不构成了这个时代定义的一种底层基础设施。如果缺乏"超级用户"参与共创的能力,平台化企业也难以真正理解和尊重用户的需求和价值。淘宝心选、小米有品、网易严选、京东京造,都是一种C2M用户驱动厂家的供应链创新模式。从这个意义上去理解这些新型电商平台,它们坐拥的是与传统全然不同的用户关系和成长能力。

关系之问:

- 数字时代的新型关系有哪些?对待方式如何改变?

一
数字时代现有关系之困

百年以前,工人们在福特工厂生产汽车零件时,能否想到今天的特斯拉工厂几乎空无一人?五十年前,高盛的交易员们在华尔街最好的写字楼里工作,拿着令人羡慕的薪水时,能否想到在今天高盛的交易大厅里剩下的交易员寥寥无几?十年前,当家乐福、沃尔玛这些零售巨头如日中天之时,又能否想到今天的资深淘宝店主年收入过亿元?五年前,当电视人还在摄影棚录播节目时,能否想到今天的资深自媒体人利用数字化云平台随时随地在线直播?数字技术正在不断改写着工作形式、工作的方式和工作的意义,同时也在猛烈地冲击着传统意义上的职场关系。数字时代,万物互联,我们都随时在线,空间上的距离已经不能阻碍我们随时随地地交流,也不能阻碍我们在一起热火朝天地工作。传统意义上的所有组织关系都在被重新定义。

虽然人工智能备受争议，但是我们不得不承认，它正在以超出预期的速度渗透到我们的工作和生活中。不久的将来，我们必须学会和机器和谐共处地工作。现今，语音识别技术和机器学习的应用已经让我们可以不用翻译员，凭借手机完成语言切换。未来，也许同声传译会被人工智能所取代。那么在未来的未来，我们与人工智能到底有怎样的关系呢？如何让它成为我们的伙伴而不是敌人，也许是我们应该早些思考的问题。

如今，互联网上半场已鸣金收官，移动互联网的下半场也已杀成红海。随着企业级 SaaS 服务逐步揭开序幕，我们对于工作的认知也在不断经受挑战与颠覆。云平台正在辅佐企业完成智能化改造升级，从生产线优化到深度算法学习，从提高效率、降低成本到推动企业变革，**企业正在从既有的粗放式管理大步迈向精细化管理，逐步走进颗粒化管理。**

1. 部门与部门的关系之思

企业通过分工、实现标准化和专业化，从而提高了劳动效率，但分工后还必须通过协作将各个工作成果整合形成一个完整的有机体。工业生产的分工与协作可以在不同时间和空间内进行组合，比如一个汽车安装四个车轮，这种分工协作过程很容易实现。但管理的分工与协作更为复杂。管理的复杂性在于管理是一套动态系统的整体。各分工环节的相互影响也不是简单线性的，而是相互作用的动态结构。因此，对于管理者而言，绝不能将分工理解为"将工作分掉了之"。

工业时代，企业多数按照管理职能进行专业化分工，建立各个专业的部门分管不同的领域，如人力资源部、财务部和市场部等。

部门一旦设立，那么部门内部人员就会形成共同的利益诉求，由此决定了群体的行为方式。在大企业人力资源部按照职能模块分设部门的情况下，每个内设部门都有其特定职责，这种情况必然决定了"各人自扫门前雪，莫管他人瓦上霜"。这种分工过细带来的各分工环节之间的壁垒与较量也是难以规避的大企业病之一，我们姑且称之为**"无形的玻璃墙"**。部门靠信息屏蔽获取部门利益的最大化，然而部门之间的信息阻隔造成信息的不对称必然会导致不少的推诿扯皮现象，进而降低整体效率。同时，信息阻隔导致部门利用权力调配过多的资源为其部门利益服务，容易出现官僚主义和滥用权力。

突破"无形的玻璃墙"的秘诀在于人际关系的根本转变，在于管理者作用的根本改变。 很多企业通过组织变革来实现，但打破"玻璃墙"不仅仅是组织结构的变革，更需要组织文化的变革。组织结构的扁平化、网络化和柔性化，促使部门与部门之间、个体与个体之间的协作更加流畅。平台化企业倡导的利他文化也促进企业内部的协作更加和谐。

在企业构建数字化智能管理系统以后，管理的分工可以借助管理系统来实现更准确的分配、更通透的管理和更公平的考核，从而帮助企业营造和谐的合作文化。

企业内部形成和谐的合作氛围是调动员工积极性与创造性的前提；加强对员工的技术培训与继续教育，让更多的员工在多功能的交叉工作小组中工作，培养一专多能、具有创造性的多方面人才是柔性化组织的要求；另外，还应建立合理高效的激励手段，科学、公平的绩效评估制度，更好地调动与激励员工。

2. 企业与个人的关系之谜

数字时代，随着类似于"人力云"和"收稻"这样的人力资源云平台的不断渗透,随着"滴滴"和"美团"这样的众包平台服务的搭建,随着"今日头条"和"趣头条"等垂直平台的不断完善,再随着"云集"和"贝店"这样的产销者平台的萌发,人才的选择越来越多,雇用时代已经渐行渐远。数字时代,人才更具有流动性,人才需要尊重与协作,人才需要成就个体理想。然而,在什么情况下,人才愿意与企业捆绑?为何接受"位高权重"的人的约束?为何牺牲自己个体的理想成就企业?这些问题值得每个企业深度思考。让我们从探究企业与个人关系的演化轨迹开始。

员工是企业的工具阶段:工业时代,企业从事单一的生产经营活动,以规模最大化来降低成本,实现资产的最大回报,资产在工业时代起至关重要的作用。员工在这个阶段只是企业在生产流程中的一颗"螺丝钉"。企业在这个阶段的社会功能(最终为员工谋福利的功能)薄弱,只是单纯地追求利润最大化。这个阶段里,固定资产的投资是至关重要的,所以股东成为企业的所有者,员工只是企业完成生产的工具。

员工是企业的主体阶段:企业在资产回报率最大化的驱动下,走过了一段繁荣的阶段,随着时代的发展,企业步入管理时代,专业化管理成为主流,专业的知识工作者成为员工的主体。企业开始思考专业员工的价值观,并建立了"员工是企业的主体"意识。这是"后工业时期"管理层的认识觉醒。员工离不开企业,企业也离不开员工。

员工是独立个体阶段:数字时代,人是企业创新的主要驱动力,企业的最终价值体现在人的创造力上。越来越多的个体希望自我价值能得到更好的体现,希望在企业的努力与付出能获得相应的回报,希望能更好地与企业共同发展,企业与个体之间是平等、互利、可持续的合伙人关系。

工业时代，企业和员工的关系可以简单表述为雇用关系——企业提供劳动机会和报酬，员工付出劳动和时间。而在追逐与褒奖创新的数字时代，传统的雇用关系日渐不合时宜，因为创新需要员工与企业间建立起高度信任，并保持长期合作。领英创始人霍夫曼曾经重新定义新形势下的企业与员工关系。他在《联盟：互联网时代的人才变革》一书中指出，企业和个人应相互投资，结成强大的联盟，共同拥有持续的创新与丰富的智慧宝库。只有这样，员工、企业乃至整个商业社会才能繁荣发展。

数字时代，由于组织进化、企业边界向外延展、数字技术持续迭代、管理与组织的创新层出不穷，就业方式和就业结构正在经历一场大变革，雇用关系也随之更迭。组织正由传统的资本驱动下的雇用关系向数字时代零工经济影响下的灵活、多变的多元关系演化。个体和企业之间的关系从工业时代的强关联，逐渐走向数字时代的弱关联。个体的发展、个体价值的体现以及个体理想的实现都可以不依附于企业而独立完成，正所谓"良禽择木而栖，贤臣择主而事"。在人口红利逐渐褪去，工业规模化优势逐渐褪色的数字时代，创新力和创造力依靠真正的人才来实现。人才越来越趋向于选择能发挥自己才能的平台，以及可以赋能成就自己的好领导者。个体，尤其是创新者，不再局限于企业提供的内部资源，不再畏于"位高权重者"的威严，不再忧虑资历较长者的权威。企业在数字时代更趋向于提供个体自我价值和个人理想实现的平台，协调个体间可以形成团队合作的组织，以及提供个体、团队和组织能够长期发展的基础设施和平台价值观的传递渠道。

未来，领导者、管理者和员工之间的关系，越来越像合伙人之间的联盟。平台化企业更需要成就个体，赋能团队，输出平台价值观，使得个体、团队、组织和平台产生共情的联盟关系。企业需要人才创造价值，而员工需要平台实现自我价值，所有选择都是双向的。"联盟"意味着企业和员工对彼此承诺，通过一份由双方达成的、有明确条款的互惠协议，把雇用关系转变为互惠互利的联盟关系，使雇主与员工之间从雇用关系转变为互惠的合伙人合作关系。联盟合作是一种鼓励企业和个人相互投资的工作模式，在此基础上，企业和员工的相互合作可以为双方创造巨大价值，改善职场微环境，同时也将对社会发展产生重大影响。总而言之，构建企业与员工的联盟关系对于诸多管理者都颇具参考价值。

在如今的商业社会中，联盟型企业的存在已非个案。数字时代，企业价值的实现依靠的是员工知识创造和创新，而非资产投入，所以以创新驱动力为主的互联网平台企业基本都采用了联盟式合作。例如，淘宝平台与淘宝卖家、小米平台与谷仓、云集与微商以及大量涌现的以合伙制为基础的互联网平台企业。**平台化企业实际上是更广范围的联盟，突破企业边界，聚合社会中大量的原子（个体）和分子（小团体或小组织），通过开源平台实现产品与服务的快速迭代。**

◀ 案例阅读：领英管理法——里德·霍夫曼的管理实践 ▶

领英是一家致力于向全球职场人士提供沟通和交流机会，并协助职场人发挥所长的互联网公司。创始人里德·霍夫曼认为，互联网时代的到来给以往的终身雇用制带来极大挑战，企业应该以联盟制来代替终身雇用制，通过价值观的协调实现企业和个人目标的统一，从而为共同目标努力。企业和员工应该以信任为基础，充分沟通，从而与彼此协力，完成共同目标。

他认为企业和员工应该是联盟的，而非从属的关系。一方面，里德十分重视企业和员工价值观和目标的一致性，当然，对于不同层级的员工，所需的价值观协调程度也不同，层级越高的员工需要的价值观协调程度越高，因为其价值观对企业的影响越明显，甚至其价值观是企业价值观和文化的来源。

另一方面，里德十分重视公司人脉网的搭建，提出公司应该鼓励员工积极拓展人脉，充分利用人脉获取有利信息。实践证明，以目标为核心的协调机制以及以人脉为途径的绩效实现方式是互联网企业取得竞争优势的有效方法。㊀

从员工到"动态合伙人"

海尔开创的"海创会"模式为传统企业组织变革提供了新思路。海尔希望实现全员共治，将雇用关系转变成为共创共赢的关系，即每个人都是创业者，同时，每个人也应该是利益的享有者。个体与组织的关系是动态的机制，这种机制叫作**"动态合伙人制"**，就是一种开放的模式，谁行谁就上。

比如，企业的研发关系发生转变，由原本基于技术去研发某一个产品，变成了只做一个开放的"接口"，由外部市场上的个体或者组织来研究产品的功能，定义产品的优劣，并根据市场反馈完成开发与迭代。产品的研发永远持续在改进过程中。这样一来，对产品的研发、生产，就是一个"共创"的过程，用户也是参与者，是大家共同在完成一件"作品"。这种研发模式在互联网企业普遍流行，是完全动态的过程。原来固化的金字塔结构被彻底颠覆了，因

㊀ 里德·霍夫曼，本·卡斯诺查，克里斯·叶. 联盟[M]. 路蒙佳，译. 北京：中信出版社，2015.

为我们要快速响应市场需求，企业决策等不及层层上报，然后再层层下放。

3. 企业与企业的关系

在经济全球化和互联网信息化的背景下，每家企业各自为政的传统格局正在被打破，企业与顾客、企业与供应商、企业与其他相关群体的相互作用和相互影响日益密切。企业正在经历从孤立生产向合作经营，从独立发展向互联合作的大转变时期。企业与企业之间建立了平等、共赢、互利的关系。

传统的企业竞争通常采取"一刀切"的方式击败甚至吞并对方，从而占领市场份额。企业的成功是以竞争对手的失败和消失为基础的。"有你无我，势不两立"是传统商业社会的通行规则，是一种无法共赢的零和博弈。当前，随着数字技术发展，过去企业独立生产经营的市场环境发生了实质性的转变。企业必须面对产品生命周期不断缩短、顾客忠诚度持续降低、顾客消费个性化回归等市场环境，建立在规模化生产基础上的价格竞争失去生存土壤。企业竞争开始从早期的质量竞争、价格竞争，过渡为以顾客满意度为根本的服务竞争。企业生存环境及竞争焦点的转变，迫使企业竞争方式发生根本变化，竞合关系成为企业竞争新模式。为竞争而合作，靠合作来竞争的竞争理念成为当前企业竞争的新观念。在互联网和资本的影响下，很多同行业企业却变成了"一家子"，例如，滴滴与Uber、京东商城与腾讯商城、大众点评与美团。

合作竞争理论作为一种新的企业管理理论产生于20世纪90年代。管理学家彼得·德鲁克就曾指出，工商业正在发生的最伟大的变革，不是以所有权为基础的企业关系的出现，而是以合作伙伴关系为基础的企业关系的加速增加。于是，企业间的合作经营成为最近20年来世界企业管理的四大发展趋势之一。麦肯锡高级咨询专家乔尔·布利克（Joel Bleeke）与戴维·厄恩斯特（David Ernst）在其合著的《协作型竞争》中写道："对多数全球性企业来说，完全损人利己的竞争时代已经结束。驱动企业与同行业其他公司竞争，驱动供应商之间、经销商之间在业务方面不断竞争的传统力量，已不可能再确保赢家在这场达尔文式游戏中拥有最低成本、最佳产品或服务，以及最高利润。很多跨国公司日渐明白，为了竞争必须协作，以此取代损人利己的行为。企业可以通过有选择地与竞争对手，以及与供应商分享和交换控制权、成本、资本、进入市场机会、信息和技术，为顾客和股东创造最高价值。"

在社会经济的发展历程中，企业间的关系发生了根本性变化。企业不得不重新审视企业战略，不应该再将对抗性竞争作为企业关系的首要选择，而应当以一种冷静克制的态度来对待竞争者，寻求一种彼此相容的竞争局面，实现与竞争者共存的差异化格局。

随着互联网、物联网、大数据、云计算以及人工智能的发展，商业模式和商业环境也已截然不同。技术的发展使得不同行业和不同企业间的联系和交集越来越多，形成合作的基础，也使得很多新模式得以落地。所有资源因为技术而发展，因为需求而聚合。无论一家企业做得有多大，口碑有多好，想要开拓一个新的领域都需要付出大量的研发、推广和时间成本来换取一个不确定的市场份额。市场的竞争经过了长期的厮杀本身就已经趋于稳定，企业通过单打独斗试图开拓市场，难如登天。

在市场的不断变化中，企业渐渐体会到自身的生产和发展离不开与之相关的所有群体。为了实现目标，不仅需要与供应商和消费者建立良好的合作关系，而且应该与对手进行有效的互补与合作。管理大师迈克尔·波特在著作《竞争优势》中对此也有论述，现代市场竞争应改变过去那种竞争即你死我活的观念,重新建立一种既竞争又合作的观念。他还指出,未来企业的竞争优势将很大程度上取决于企业与竞争对手的合作。在现有的市场环境中,企业要单靠自身力量来维持长久的竞争优势已非常困难。

二
数字时代的多重关系

1. 数字时代信息更为透明

工业时代,只有少数人掌握信息的时代已经一去不复返了;利用信息不对称获取权力的方法已经逐渐失效;企业运营信息通过传统科层式结构层层上报,只有高层管理者可以掌握全面信息的时代也已经渐行渐远。

我们都在电视上看过这样一个游戏——两组人,每组五个人左右,坐在一个个小隔间里戴着耳机听音乐,然后由主持人分别给每组的第一个人"一对一"地传达一个信息,然后再由第一个人传达给第二个人,按这样的方式一直传达给最后一个人。信息传达期间,其他人都听不到两个人"一对一"对话时的内容。最后一个人把信息公布出来,同时主持人也公布他传达的信息,做比较。从这个游戏中,我们会发现人与人之间传递信息的时候大都有一定的修饰和误解,传递的最终结果和信息的源头在多数情况下不完全一样。但是,这就是现实中绝大多数公司信息流动的传统模式。

管理层收集信息(但这些信息并不完全正确),根据这些不完全信息审慎决策,然后决定该将哪些决策信息分发给在他们底下辛苦工作的人。在这样的世界中,信息作为权力和控制的手段被人们囤积和利用。正如管理学学者詹姆斯·奥图尔(James O'Tool)和沃伦·本尼斯（Warren G.Bennis）所说，"许多管理者之所以能升至管理者位置，靠的并不是他们所表现出的团队合作精神，而是他们领会了与同事的竞争之道，霸占信息。"当管理者都觉得自己的任务就是收集批注信息并审慎地把小部分信息散布出去时，组合式创新就永远不会出现。

步入数字时代后，信息在企业各个部门里、部门与部门间都能够畅通无阻地穿行。这就使得企业更加通透，每个部门、每个团队以及每个成员都可站在同一起跑线上，增加了部门与部门之间、团队与团队之间的协作。单个的一两位英雄已经无法再单枪匹马地掌控全局，面对数字时代信息的全面大流通，要以更开放和平等的心态，赋予每位个体更多能量，激发其创造力，使人的主动性与创造力得到最大程度的解放。

2. 组织内外信息通透，才能有开放的心态

工业时代，科层制管理不再奏效，钳制信息的传播也不再有效。而数字时代，雇用员工不只是为了生产，更是为了实现自我。对于企业来说，信息是真正的生命之源。要想坚持以创新为宗旨，吸引创新者并引导他们大展宏图才是成功关键，因此创新者若不能接触有效信息，一切理论就成了纸上谈兵。数字时代的正确"预设模式"就是信息的流通与共享。管理者营造的应该是一种"开放"的文化，而不是屏蔽与隔绝，**员工的角色不再是机械的"手脚"，他们也要开始发挥"头脑"的作用**。未来，随着人工智能的发展，"手脚"任务和简单"头脑"任务将会被取代，企业组织模式还将发生新的变化，但对于人才的尊重与激发，将始终是关键。

谷歌的OKR（objective and key results，目标与关键成果）就是一个以开放的心态增加信息透明的例子。OKR指标是由每个人

的目标以及关键成果构成的，每个季度，每位员工都需要更新自己的OKR公共发布，让大家快速了解彼此的工作重点。高管们以身作则，在谷歌每位CEO每个季度都会发布自己的OKR，并会召开全体会议加以讨论。各产品和业务负责人都会上台逐一讨论自己的OKR以及其对于团队的意义，并依据自己上一季度的OKR指标为本季度的表现打分。这样每位员工都对公司这一季度的工作重点了然于胸，即使企业正在飞速扩张，各个团队之间也能保持协作。

◀ 案例阅读：如何管理最聪明的人——开放平等灵活的谷歌 ▶

谷歌被《财富》杂志选为2012年美国最适合工作的公司，微软排名第76，而苹果、亚马逊和Facebook甚至都没有进入名单。可见，公司提升并保持员工的幸福感不仅是种价值观，更是种能力。

不断创新是互联网企业的生存法则之一，还是以工程师为主体的互联网行业的人才架构特色。谷歌作为互联网行业的巨头，一直秉承着"只雇用最聪明的人"的宗旨，谷歌相信，只有"最聪明的人"才能在这个全新的互联网领域不断创新。其两位创始人甚至对于所有领域的人才都偏爱有加，如果你是脑外科或是火箭研究领域的博士，也可能有机会去谷歌工作。"谷歌是以研发人员为中心的公司，倡导'工程师文化'。因此谷歌倡导并鼓励一种创新、民主的企业文化，从工程师的观念创新，落实到产品设计营销，最后延伸到管理，在谷歌的每一个环节都有体现。"谷歌大中华区人力资源总监邓涛表示。

毫无疑问，谷歌的成功很大程度上要归功于其吸引人才的能力，以及适合新人发挥的企业文化，这里主张开放自由与民主的企业文化，"谷歌一直秉承吸引最聪明的人才来谷歌工作的理念，要想吸引最聪明的人来创新，就要先给人才创造一个非常开放、宽松的环境。管理上的'民主'就要求每一个管理者面对下属的提议不能直接回复'NO'，而是得说可以考虑如何帮助他发展。"谷歌强调：第一是要允许你做，第二是给你资源帮你做，第三是允许你犯错误。这就是我们追求的创新文化，要让每个人的想法有机会去实现。[○]

此外，这里的员工晋升强调民主和自由，在每年一到两次的晋升机会中，如果员工觉得自己合适，就可以在系统中提出申请，不必非要等主管提拔才行，只要同事认可，并顺利通过审核就可以实现。

尽管谷歌提供开放、宽松的工作环境，员工可以用20%的时间做自己喜欢的事情，但这些的前提是不影响本职工作。公司会给员工提供各种环境，关键是员工自己怎样去安排工作，去掌控时间。工作完成得快速有效肯定会有奖励，如果不能完成，员工也会受到一定的管理。自律和纪律永远是相辅相成的，没有纪律就没有自由。

3. 开创云端办公时代

互联网时代，坐在会议室里与大洋彼岸的同事开电话会议已经不再稀奇，信息技术拉近了距离，移动办公不再科幻。移动互联网时代，我们可以随时随地拿着手机用微信或者WhatsApp与亲友和同事交流。随着人工智能的广泛应用，如今，我们还可以与我们的

○ 陈哲，张涛. 谷歌：一群聪明人如何管理另一群聪明人［J］. 中国新时代，2008（7）.

手机、我们的音响、我们的车辆用语音交流，指令它们帮我们做一些任务。数字时代，我们已经不再局限于在同一个办公室里工作，不再局限于在一家公司工作，更不局限于在现实世界里工作。

当代人需要更灵活的工作与生活方式，当代企业也尝试更为灵活的管理模式。有能力的人才更倾向于自由职业，而使之成为可能还要得益于技术进步。与此同时，企业内部也发生着天翻地覆的变化。随着数字技术在企业管理中的深度应用，企业内部建立起数字化管理系统，构建管理大数据，可以精准分析出每个人和每个资产的绩效表现，精准地分析每个工作内容所需要具备的专业技能，精准地分析出每个工作内容的所需时间，还可以精准地测算出每项任务、每份工作如何合成为企业总的战略目标。换言之，**数字技术让组织的微粒化和管理的颗粒化成为可能。**未来企业可以将非战略性工作任务无限拆分成最小单位，分别放到数字化众包平台上，寻找全球人力资源库里的自由职业者去完成，实现组织的微粒化，在快速应对市场的同时大大降低人力成本。

4．数字时代，开放、平等、协作、共享对组织和员工关系的影响

新的技术与新的商业模式带来突破性的、超越人们想象和感知的变化。这种变化是多样的、不确定的、非常复杂的、难以准确预见的，但可以预见的是企业必将向共享、协作、开放、平等的趋势发展，这将会对关系产生深刻影响。

企业的数字化智能管理系统让每个人的贡献更加透明，对于绩效与成本核算也更明确。平等的含义不再囿于上下级之间，因为当资源和分配都是透明的、合理的，整个社会的分配就会更倾向于平等。协作共赢意味着过去的单打独斗式的发展模式很难成功，反而是开放、共享、合作的团队和企业更容易成功，也意味着企业内部

是基于同一平台的共同创建，外部则是与其他企业的多方合作，在共同创建的基础上共享最终的利益成果。

员工与企业的关系从原有的雇用关系逐步向合作的关系转变，与企业的紧密性减弱了，但企业边界的外延却无限向外拓展。企业内部人员会减少，但效率却会更高。企业内部人与人的关系从金字塔式的层级关系向扁平化的平等关系转变。制约和控制减弱了，但个体的责任感却更强了。过去是对自己的直属领导负责，现在则是对所属团队的整个项目负责。企业之间也从原来的竞争关系向竞合转变，寻求的不再是零和博弈，而是多边共赢。

三
数字时代的新型关系

随着拼多多、云集和贝店等一批资深淘宝店家逐渐升维为电商新贵，我们逐渐意识到圈层和社群的力量，意识到关系还可以变现。数字时代，商业模式构建了新型关系，用户可以成为营销者，营销者也可以成为客户。互联网电商是流量思维，通过市场费用大量投入到广告和补贴的模式把用户吸引过来，再通过平台构建的便利性促进交易，提高交易量。然而，随着流量红利的衰退，传统靠广告和补贴的逻辑逐渐失去了优势。我们进入用户思维时代。我们都知道苹果有一批忠实的拥护者，称自己为"果粉"，他们成为苹果用户最核心的圈层。用户时代，核心用户有一个非常大的角色就是传播者。怎样能够让消费者成为传播者，成为忠实的拥护者，成为超级用户，是用户时代我们应该深度思考的。超级用户作为核心圈层不仅仅是产品的使用者，还是忠实的传播者，帮助打造和维护品牌。

超级用户（事业合伙人）与终端用户之间的关系

小米的商业模式核心和亚马逊的商业模式核心是相似的。亚马逊的商业模式核心是亚马逊的会员体系。小米或是亚马逊，都预示着超级用户时代的到来，会员战略和超级会员将作为核心。超级用户是基于关系的引擎，传统企业如果圈定超级用户可以切换赛道到用户时代，实现"弯道超车"。

从非用户到普通用户，再到超级用户，进而形成裂变用户，这是用户进化的四个阶段，是一个完整的闭环和加速迭代的一种状态。 用户正在进化，我们可以深刻感受到进化中的范式转移。在范式转移的过程中，超级用户的价值特征表现就是会员凭证资格的内涵，意味着更高的使用率和更高的复购率。超级用户不仅消费而且投入情感，影响着周围强关系和弱关系的终端消费者。超级用户乐于分享，积极参与产品设计和内容众创。

小米之家、好市多和苹果共同构建的是基于超级用户体系的认知效率革命。美国的好市多、德国的阿尔迪，它们所构建的会员能力到底意味着什么？超级用户本身就是信用商品。用户的信任链切入了全商业的应用场景，这是数字时代，当用户画像已经碎片到模糊时，最底层的密码。只有用户才能定义企业，也只有用户才能成就企业。

四
多样化关系的特点

1. 权力：共享

传统企业采用层级化结构，谁的职位高谁就有权力，而知识密集型企业是谁有经验和专业知识谁就有权力，互联网企业是谁给客户创造更大的价值谁就有权力。企业的权柄从职位高、职责大、工作年限长的管理者向经验足、能力强、具有热情与使命感的创新者强转移。**这种权柄转移带来两个趋势：对内，权力是企业对员工的赋能；对外，权力是为客户创造价值。**

我们在实践中发现，管理层给下属布置任务的同时，却没有下放下属履行职责所需要的相应权力，导致下属很难调配所需资源，使得任务无法正常推进。长此以往，这种权力、责任与利益的不匹配阻碍了企业长期战略目标的实现。

阿里巴巴集团CEO张勇谈到组织架构调整时说道，要学会"用人做事"，而不仅是"做事用人"。很多企业还停留在"做事用人"的阶段，就是事情已经想清楚了，找一个合适的人来干。而"用人做事"就是事情怎么干还没搞清楚，但是要找到最有可能把这个事情想清楚和做出来的人，让他组织并带领合适的团队来完成。数字时代，面对风云变幻的市场，每个人都不是胸有成竹，没把事情搞清楚不代表我们坐在那里什么都不干，找个能把这件事想清楚干出来的人，把组织的权力下放给他，才是企业保持创新活力的基础。

让渡权力

数字革命给企业更多的冲击不仅仅在于技术层面，技术思维颠覆了企业的管理模式和企业与外界的关系，正在随风潜入夜、润物细无声地改变着一切。数字技术让沟通实现了无障碍，人与组织之间、人与人之间的无障碍沟通，可以减少很多企业内部的矛盾与冲突，降低管控与交易成本，减少内耗。

数字技术使得信息变得通透，让传统的暗箱操作和利用信息的不对称来获取利益的盈利模式难以为继。取而代之的是尊重客户的价值和尊重人力资源的价值，以此来重新获利的盈利模式。万物互联和人工智能其实是让人更尊重人，这个时代更突显人的价值。从金字塔式、命令式的协同方式到自动交互、自由组合的协同，人与岗位之间、人与人之间在以组合交互的方式进行合作创新。数字时代，我们可以围绕客户的需求、产品改进或者市场趋势随时随地自由组合个体形成不同的团队，打破部门界限和岗位职责界限，管理也相应地要转变为流程管理和团队管理。如果说工业时代是一个金字塔形状的组织形式，那么数字时代就是一个大平台网状的组织形式，在个平台之上，人可以直面组织表达自己的诉求和价值主张。

数字时代，首先我们要做的是把所有权力下放给合适的人，过去管理上提出的"放权"是在控制主要权力的前提下的放权，**现在我们称要让渡权力，是将决策权、分配权、用人权等管理者最主要的三大权力全部让渡出去**。然后企业用数字化智能管理系统赋能员工，用数据建模分析和管理协助销售更有效率地成交，协助导购员更有针对性地做客户服务，用市场的实时动态及用户的反馈来管理、监督和考核员工的工作表现，激发员工为组织和用户创造价值，并且使得用户满意。这就是数字化系统带来的便利，更是用社会化的响应来激励个体。让渡权力把员工从原来的雇用者、执行者变成了创造者和合伙人。企业变成一个平台，一个可以实现员工自身价值的平台。

2．能力：共炼

过去，企业注重员工个体的专业能力，而现在的企业则更重视员工之间的相互赋能，不仅是企业与员工之间的相互赋能，更是员工之间的相互赋能。

激励侧重的是事成之后的利益分享，而**赋能强调的是给予挑战与激发动力**。唯有发自内心的志趣才能激发持续的创造。因此，组织的职能不再是分派任务和监工，而更多是让员工的专长和兴趣与客户的需求更好地匹配。甚至可以说，**是员工使用了组织的公共服务和基础设施，而非公司雇用了员工。这就使得两者的关系实质发生了根本变化。**

赋能比激励更依赖文化，只有文化才是关系真正持久有效的黏合剂。本质上说，创新者都是自驱动、自组织的，他们对文化的感知非常敏锐，对于认同感也非常较真。为了享受适合自己的文化，他们愿意付出、拥护以及共创。与他们的价值观、使命感吻合的文化才能让他们慕名而来，聚在一起，奋发进取，因而组织的核心职能将演变成文化与价值观的营造。

激励聚焦在个人，而赋能特别强调组织本身的设计、人和人的互动。随着互联网发展，组织内部人和人的联系也更紧密。新兴学科，如复杂网络和社会物理学的研究，都指出人和人之间的互动机制的设计对于组织的有效性可能远大于对于个体的激励。谷歌那些声名远扬的免费服务（午餐、交谊厅等），不仅仅是为了提供员工福利，提高员工的生产力，更多是为了增强人与组织的交互。

创造是很难规划的。只有提供他们各自独立时无法得到的资源和环境（最重要的就是充分互动），有更多自发碰撞的机会，才能创造更大价值。这里提到的资源和环境包括每周员工大会的透明沟通、员工的自主权、跨部门调动资源的能力等。促进协同的机制设计，这是未来组织创新最重要的领域。

◀ 案例阅读：阿米巴管理方法——稻盛和夫的管理实践 ▶

以"经营十二条"和"六项精进"为基础，日本管理大师稻盛和夫在京瓷创建了阿米巴经营模式，使京瓷创造了50年无亏损，持续盈利的奇迹。和大多数日本公司一样，京瓷同样有事业部、课、系、班等阶层制度，与其他公司不同的是，稻盛和夫还组建了一套以"阿米巴小组"为单位的独立核算体系，指的是企业中最小的基层单位，一个班，即最小工作单位。最小单位有时是一个部门，有时是一条生产线，有时甚至可能是一个人。⊖

其独特之处在于拥有自己的利润中心，也具有可随意分拆与组合的特性，方便公司根据市场迅速反应。1963年，稻盛和夫联合青山正道推出了"单位时间核算制度"方案，单位时间核算制度指的是单位时间里所产出的附加价值的会计体系，其计算公式为：单位时间附加值＝销售额－费用（劳务费以外的原材料费等）/总劳动时间（即正常工作时间＋加班时间）。从公式可以看出，阿米巴经营的目标并不仅仅是降低成本，还关注生产量的附加值。与以往传统的成本管理不同，阿米巴体系的主角是人，并非聚焦于产品每道工序的物。每个阿米巴小组的成绩会有高下，根据其成绩，企业给予相应奖惩反馈。

如此模式使得每个员工都参与到企业的经营当中。同时在实施中，员工不仅提高了成本意识以及经营头脑，其职业伦理和个人素质也得到提高。稻盛和夫的阿米巴经营体现了企业和个人共同发展的理念，企业重视个人的成长和培养，个人也愿意为企业的发展承担更多的责任，同时还发挥了群体智慧的优势。这种更加平等的雇用关系就是联盟的早期雏形。

⊖ 稻盛和夫. 稻盛和夫的实学：阿米巴经营的基础［M］. 曹岫云，译. 北京：东方出版社，2010.

3. 心力：共情

阿里巴巴18名创始人与合伙人之一，"阿里巴巴背后的女人"彭蕾曾任阿里巴巴首席人力资源官。28岁的彭蕾放弃优厚的大学教师工作，跟着丈夫孙彤宇来到初创的阿里巴巴。彭蕾在工作岗位埋头苦干10年，一手打造了阿里价值体系，挖掘了CTO王坚、副总裁童文红等人才，为公司发展奠定了坚实基础。39岁时，彭蕾出任支付宝CEO；42岁时出任蚂蚁金服董事长兼CEO，在阿里巴巴内部声望极高。[一]

彭蕾与阿里巴巴创始人团队，多少年来一起共事，多少重大决策一起商量，多少他人难以想象的创新是他们一手策划和推动的。几十年来，大家信念一致，使命感一致，价值观一致，目标也一致，久而久之，大家的心力达到了共情的境界。让我们印象深刻的是彭蕾说过的一句话："我在阿里最大的使命是，无论公司做出什么决定，帮助这个决定成为最正确的决定。"

在这位阿里巴巴背后的女人卸任蚂蚁金服董事长时，阿里巴巴给出了最高赞誉："彭蕾有着坚定的内心和杰出的领导力，用女性独有的温暖和洞察，让一个支付工具充满爱、信任和责任感。在公众眼里，彭蕾或许是全球女性权力榜上的明星企业家。但在我们眼里，她永远是阿里小微文化和价值观薪火相传的家人，是阿里巴巴的心灵伙伴。"

以战略见长"务虚"的团队成员与"务实"的彭蕾高度互补形成共情的心力，产生的巨大冲击力持续影响着中国商界。彭蕾用脚踏实地的执行力证明了自己对阿里巴巴文化的诠释。

当企业遇到挑战或是困难时，价值观会显得至关重要。阿里巴

[一] 素材来源于创和会2017年10月12日的文章《阿里背后的女人彭蕾》。

巴的价值观非常重视从心力去统一价值观达到比感同身受的同理心更高层次的共情境界。2001年互联网经历寒冬,阿里巴巴业务被迫大量关停,"十八罗汉"是靠着心力产生凝聚力,互相扶持,相互打气而度过寒冬的。职位越高,价值观越重要,现在阿里巴巴所有合伙人,作为集团里时间最宝贵的人,每年雷打不动地都要聚会至少5次,每次2~3天的时间,去商讨合伙人制度——合伙人存在的价值是什么?他要做些什么事情?怎么评估合伙人该承担的责任和创造的价值?讨论的内容涵盖整个集团的未来、愿景与使命。

心力是最重要的,企业想成为一个什么组织,领导者和管理层必须始终带着方向和目标感,然后方可一步一个脚印地踏实行动。但在现实中,领导者和管理层都会遇到很多烦琐的问题,当他们被这些烦琐的小事包围时可能会暂时失焦,这时就要停下来看一看,想一想,究竟企业的方向何在,路又在何方。

员工与公司之间的心力可以跨越公司边界,超越公司价值而存在。随着联想集团人才的更新换代,老员工纷纷从一线上退下来。柳传志为安置老员工,成立控股公司,并提出"搭班子、定战略、带队伍"的策略。控股公司先后投资多家企业,帮助那些被投企业从小做到大,给所有被投公司赋能。那些为联想的壮大过程中立下汗马功劳的老员工,在离开联想集团核心业务之后,在投资领域发挥更大的作用。联想控股集团和那些原集团创业过程中的功臣们建立了共情关系,使得联想平台在新的领域赋能,发挥更大的作用。

也许,联想安置老员工的做法不是所有企业都能效仿,但是老员工们除了可以投身于投资等新的领域之外,还可以在宣传企业文化、传播企业发展史等方面发挥余热。例如,德国一家著名巧克力企业——瑞特 - 斯波德（Ritter Sport），他们所有负责接待全世界各地来访的员工都是从一线上退下来的老员工，为访客讲述企业的发展史，宣传企业的文化，传播企业的愿景、使命和价值观，让所有来访的人都能深刻理解这家著名巧克力企业品牌的含义和精神。这是老员工赋能企业、赋能品牌的最好体现。

心力是一致的价值观、一致的使命感和一致的目标产生的共情合力，超越时间和空间的维度而存在，是比感同身受的同理心更强烈的心心相印。其所产生的影响力会给企业带来卓越表现，达到其他企业难以企及的高度。

五
多样化关系之践

1. 建立互相成就的知识分享体系

"聚焦知识分享管理"将最恰当的知识在恰当的时间传递给最恰当的人，使他们能够做出最恰当的决策。

维基经济学向世界证明了一个道理——如果有一种方法充分利用组织里每个人的智慧，它的能量将无比惊人，**向人们揭示了四个崭新的法则——开放、对等、共享以及全球运作**。许多知名公司都受益匪浅。

从维基经济学第一次崭露头角的那刻起，世界再也不是原来的世界。《维基经济学》所推崇的大规模协作已在社会的各个层面发挥先锋作用。它所讲述的一个简单而又深刻的道理就是，在这个变化的速度令人眩晕的商业世界中，成功的一大秘诀就在于合作，最擅长合作的企业总能保持高速增长。因为拥抱知识，拥抱分享，就是拥抱未来。

由于这些知识最初的存在是以人为载体,传递的行为也要依靠人去完成,并且最终使用这些知识做出符合组织利益目标活动的也是人,因此,人是知识管理过程中最重要的因素,对人的管理也就是知识管理的体现,人力资源管理的重要性也不言自明。

◀ 案例阅读:发动全世界力量找到黄金的公司 ▶

罗伯·麦克欧文是加拿大黄金公司(Goldcorp Inc.)的首席执行官。由于黄金市场正在萎缩,如果难以找到大量的新黄金矿藏,公司可能会宣告倒闭。麦克欧文给地质学家们开出了1000万美元的支票作为探矿费,但令人沮丧的是,他们难以提供黄金的准确位置。

随后麦克欧文在一次讲座中听到Linux的非凡故事,托瓦尔兹怎样向全世界公开了自己的软件代码,允许成千上万的匿名程序员检视自己的系统。麦克欧文听后大受启发,拿出公司所有的地质学研究以及1948年以来的所有数据,整理成一个文档与全世界的人共享。然后,请求全世界的人告诉他,怎样可以找到黄金的准确位置。然而,采矿业是一个极度需要保守机密的产业,除开矿产本身,地质数据是最宝贵、最需要严加看守的资源。员工们担心这场竞争会让参赛者们质疑公司的专业能力。

黄金公司发起"黄金公司挑战赛",宣布能够提出最优估计和最佳方法的参赛者将获得高达57.5万美元的奖金。有关55 000英亩[①]矿区的一切信息都在黄金公司的网站上发布。比赛的消息通过互联网迅速传播,来自50个国家的

---

① 1英亩 = 4046.856 422 4平方米。

1000多个虚拟勘探者都在忙于挖掘和利用这些数据。来自全世界的方案雪片般地飞向黄金公司总部。参赛者包括大学本科生、咨询顾问、数学家和军官等。经历了一番试验与探索，最终他们在红湖矿床上发现了110个目标，其中50%是公司从来没有发现的。80%多的新目标后来证实确实有大量黄金。自挑战赛开始以来，已经发现了800万盎司⊖的黄金。

如今，黄金公司从开源式勘测中收获了丰硕的果实，不但得到了大量的黄金，还把一个价值1亿美元的低绩效公司改造成了具有90亿美元价值的大企业。

这个真实的案例证明了，即使在一个保守、讲求保密性的产业中，创新的研究方法也是有效的。通过共享公司的专有数据，麦克欧文将蠢笨的勘测流程转化为一个融合了业内最聪明脑瓜的现代化分布式黄金勘探引擎，这就是维基经济的新世界。

（1）建立互相成就的知识分享体系的方法

公开交流：公开交流有助于充分发扬团队精神，与客户、同事、分销商和供货商建立强有力的关系。公开交流的关键是每个员工都要做出努力，保证创造一个重视差异和尊重不同观点的具有包容性的环境。

走动式管理：管理层留出时间经常到各个部门转转，并时常找下属聊聊天。

敞开式管理：敞开式管理是建立在信任和尊重个人的基础之上

⊖ 1盎司 = 28.35克。

的，鼓励员工交流思想、讨论管理方面的问题而不会造成不良后果。任何员工都可以以建设性的方式来交流感想和所关注的问题，清楚地了解可供选择的解决办法。

组建知识管理委员会：组建知识管理委员会，成立读书会，开展正式会议和非正式交流。

（2）信息平台的建设

人力资源部应该建立有利于知识共享的信息平台，至少要达到两个目的：一是让有需求的员工获取知识。举例来说，一个刚到营销系统的员工，他不知道需要了解地区分销商的基本资料，这个时候，在这个平台上他能够知道作为一名营销人员的必备知识。此外，只要进入营销系统，公司会给他指派一名导师进行一对一传授与辅导。这种由人力资源部门建设的"师带徒"的制度就起到了信息平台的作用。

二是让每个员工的知识共享成为可能。仍以"师带徒"的制度为例，如果这名营销人员通过一段时间积累了丰富的实战经验，就有能力将经验传授给自己的"徒弟"。当然，他本身就已传承了他的"师父"的营销经验，经过自己的消化与吸收后融入个人知识体系，这些经验最终都沉淀为平台上的精华干货。比如，世界四大会计师事务所之一的安永对于每一个新入职的员工，都根据其教育背景、学习和工作经历，以及专业领域由系统自动匹配几个导师作为初选方案。入职员工可以根据系统自动匹配的导师，再加上喜好，初步选取三个导师作为参考；同时，导师也根据系统匹配和员工的选择，选择是否担任导师。导师和员工都是双向自由选择的，配对成功之后，初步为期三个月。员工培训三个月结束以后进入所在的项目组，还可以根据自己的选择和系统分配的结果，再进行自由配对一次。最终配对是"终身制"的,员工的专业知识、职业发展、自我价值体现以及个体理想实现都可以和导师进行充分的交流,导师也倾囊相授。根据我们的调研结果,在安永的导师制度安排下所形成的"师徒"关系,70%～80%的"师徒"会超越安永这个平台而存在,形成更持久的师生关系。

这种平台可能是一个网络交流平台,或者是一种企业内在的"师带徒"的制度,或者是固定频率的培训体系,一种轮岗的工作模式,以及某种确定的书面报告管理模式等。当然,这个平台也完全可能是以上一种或者几种方式的组合。这种平台的建设,有时以人力资源管理部门为主导,有时以其他部门为主导,但无疑,人力资源管理部门的充分参与是必不可少的。

2. 构建相应的组织结构

从组织结构上说,传统的金字塔型的科层组织机构设置带来了知识共享在各管理层次间的空间与阶层障碍。共享隐性知识最为有效的途径之一便是知识拥有者的流动,从组织结构上来说,构建扁平的组织结构或者组建项目工作团队,使得企业内部能有广泛的人员轮换,可以带动隐性知识在企业不同部门间扩散、共享。扁平的组织结构使拥有知识的员工辐射更多的群体和后来者。

同时,有经验的员工在企业研发、生产、销售和采购等不同部门之间的轮换,能够促使不同员工个体和群体的隐性知识在不同部门间扩散,最终形成企业层次的隐性知识。要进行员工的岗位轮换,人力资源管理部门首先应从战略发展高度梳理组织结构的模式,组建不同的组织工作模式以适应知识共享的需要;其次,人力资源部门还应该结合实际,考虑哪些员工进行轮岗能够更好地带来知识交换,并在完成传播与扩散后,思考如何对员工进行职业发展的安排。于是，员工的职业生涯发展也成为迫切需要进行思考和规划的行动方案。

显然，企业隐性知识难以用文字、语言和数学公式等来精确表述，隐性知识的共享需要知识拥有者和知识需求者之间密切的交流和合作，企业隐性知识的共享效率将受到隐性知识的可显性化程度、知识拥有者的传授能力、知识需求者的学习能力、激励水平、互惠程度和信任程度等因素影响。因此，渴望共享知识的企业需要充分发挥人力资源管理部门的作用，在企业的组织结构设置、员工培训、激励与考核机制、职业生涯发展规划、企业文化等方面做好充足准备，也只有这样，知识共享才能达到为企业赢得可持续竞争优势的终极目标。

根据曾担任麦肯锡北京分公司董事的吴亦兵介绍，新来的员工进入麦肯锡后，公司会进行基本培训，灌输公司基本理念与价值观，但更重要的是在实际工作中对新员工进行一对一的训练。比如在每个项目小组中，一般有2～3人，不会全部是新的成员，项目经理是比较有经验的，在麦肯锡被称为"灵魂"。他会把一些大的咨询问题分解成多个小问题，分配至其他成员。同时，项目小组要与客户保持紧密合作，不能自己躲在象牙塔里解决问题。新员工在有经验的人的引导下，发挥个人解决问题的能力，对于分配给他的工作都能做出杰出的成果，与此同时，也学习了公司解决问题的办法。正因此，麦肯锡的雇员在项目培训中可以得到飞快成长。

3. 透明激励体系的重构

尽管自动化流程和机器人的使用越来越普遍，但人依然是组织的核心。然而，组织在制定管理流程、制度甚至人力资源政策时，对人类行为和组织设计仍抱持着陈旧观念，严重制约组织与个人的发展。因此，人力资源管理者和组织领导必须基于对人性的深入了解来设计制度。这就要求组织将自己视为组织设计的架构师，考虑员工需求和非理性行为。组织可以充分了解影响个人实现目标的激励措施和非理性偏见，设计更有效的制度，选拔最优秀的人才，长期来看，可以大大降低成本。拥有架构师思维的组织将为社会、客户和员工等利益相关人创造更多价值。

激励管理体系，既包括以薪酬激励和股权收益激励为主的物质性激励，也包括非货币性的精神激励、职权激励体系，二者根据员工不同的实际需求进行个性化的组合，可以实现最大化的激励效果。

◀ 案例阅读：华为的荣誉激励 ▶

据悉，华为公司设有一个专有部门，主要做两件事：第一，发荣誉奖。每个业务领域都可以申报一张奖状，奖状看似平淡无奇，却是每个员工都向往的。第二，报道典型事件，将员工对公司的贡献视为"英雄事迹"。

此外，公司会为派往海外公司任职的员工举办欢送会。欢送会做足了一切必要的形式。例如某一次欢送会上，巨大的礼堂里容纳了数百名华为人，整个场地以浓烈的红色为主色调进行装饰，主席台的背景为一块红墙，上书"雄赳赳，气昂昂，跨过太平洋——欢送海外将士出征大会"两行大字。欢送大会被赋予抽象而崇高的含义。㊀

社会心理学家塔夫·勒庞指出，"当群体以名誉、光荣和爱国主义作为号召的时候，最有可能对群体中的个人产

㊀ 参见赵红在南京大学的论文《华为公司激励机制分析报告》。

生影响。"从马斯洛的需求层次论来说，尊重需求和自我实现需求属于高于生理需求和安全需求的较高层次的需求。荣誉的激励正好满足了人的尊重需求和自我实现需求。

4. 构建管理者共情的"万有引力"

在数字时代向智能时代进化的过程中，大部分工作将会被人工智能机器人所取代，然而，人的情感和人的创造力是机器始终无法替代的。在平台化企业中，由管理者的"万有引力"而形成的强烈情感联系，才是管理者对员工的赋能。

我们熟知的牛顿"万有引力"定律是物体间相互作用的一条定律：任何物体之间都有相互吸引力，力的大小与各个物体的质量成正比，而与它们之间的距离的平方成反比。我们将其运用在管理学领域里，构建管理者的"万有引力"吸引员工和外部人才到管理者周围，到平台上来。管理者的"万有引力"将与赋能型领导力成正比，与机械性的监督成反比。在智能时代，管理者的监督作用将会被人工智能所取代，员工的所有数据都会被人工智能机器记录下来，并运用算法进行量化监督。管理者的工作，从原来的管理、监督和控制，升维到利他、赋能和成就。

那么，数字时代管理者将如何赋能创新者呢？

不同于传统管理方式的激励偏向于事成之后利益分享，新时代的赋能强调的是激发创新者的兴趣与动力，给予挑战目标。唯有发自内心的志向和兴趣才能激发持续的创造力。管理者的职能不再是分派任务、命令和监督，而是让创新者的专业、兴趣、志向和组织目标更好地匹配，赋予创新者更多自主权利。

不同于传统管理方式的考核与激励，赋能型管理者更依赖利用文化让志同道合的创新者，齐聚力量，望向同一个方向，一起发挥更大的创造能力。他们都是自我驱动、自发组织的小团体，对组织文化具有强烈的认同感并享受自己的文化，愿意为彼此付出、与用户共同创造。和他们的价值观、使命感吻合的文化才能吸引创新者，聚集在一起，奋发进取。因此管理者的作用将演变成文化与价值观的营造，"获得更大质量，产生更强万有引力"，吸引更多创新者慕名而来。

不同于传统管理方式聚焦于个人激励，赋能型管理者更注重组织设计和人与人之间的互动。创造是难以预计的，未来组织要提供给创新者各自独立时无法得到的资源和互动环境，更多自发碰撞的机会，才能创造更大价值。管理者需要创造透明沟通的渠道，赋予团队成员更多自主权，以及跨部门调动资源的能力，促进协同的机制设计。例如，目前是谷歌核心盈利产品之一的AdWords广告体系就是由五个不是广告部门的员工设立的，他们在玩桌球的时候看到谷歌创始人拉里·佩奇对广告质量的批评与挑战，在一个周末就把AdWords广告体系的算法搭建完成，后来成为谷歌多年来的竞争优势与主要收入来源。

未来组织内不同领域、不同部门和不同职业的界限将被打破，组织将变得高度互联。管理者必须灵活运用跨越传统界限和边界的网络，有能力与各种各样的创新者打交道，建立起多样性的团队和高效的伙伴关系。

数字时代管理者如何构建共情的"万有引力"？

传统企业管理者大多被岗位权力所迷惑，将其误认为领导力。其实，依托于岗位权力的管理只能是控制职权范围内的行为，无法激发员工自发行为，无法获得下属自动自发的追随，无法使团队凝聚成一体，难以激发出团队的热情，发挥更高价值。由于管理方法单一，下属无法得到能力的成长和职业的发展。优秀的管理者展现出指明方向的特性,在面临模糊不清的未来时,为企业和组织指明前进的方向并果敢做出决策,引领企业创造更好的未来。

管理者的"万有引力"是管理者能力素质与影响力的综合表现。管理者树立正直的人格特征,做到言行一致,诚实可信,做事公正、公道。一个人如果没有正直的人格,是不能被信服的,更勿论具有领导力。此外,管理者需要培养敏捷创新的能力。一直以来,企业中的中层管理者被强调是贯彻公司领导者的意志,落实相关决策,偏向于执行层面。然而,在数字时代,企业必须更快地适应外部快速变化的大环境,管理者必须对市场、环境进行密切的观察与敏锐的反应,不断创新产品和服务,创新组织运营的方式,取得更大的发展。管理者还需要培养跨界的协同能力。团队的目标不是一个人能够完成的,要各个方面的人力、物力、财力、数据和资源支持,因此,新时代管理者的"万有引力"还需要培养跨界整合资源和协同执行的能力。跨界协同的能力一方面是企业内部跨部门的沟通和协作,取得公司各个部门的支持;另一方面是企业外部的跨界,跨越组织的藩篱,与合作伙伴、超级用户、客户、同行、上下游企业进行沟通协作,整合更大范围的资源,实现组织的目标。管理者增加员工之间、团队之间的互动,创造透明的沟通渠道,赋予团队更多自主权,促进协同的机制设计,形成"万有引力",激发团队潜能,引领团队完成组织重要目标。

5. 构建企业超级用户体系和品牌合伙人体系

付费会员、VIP、超级用户,这些听上去如出一辙的关键词,在大多数情况下,我们缺乏深入理解。超级用户不同于免费用户,不是一次性消费,而是长期跟企业有交互,能够共创共建共情,能够提高企业每位用户的平均收入值和净推荐值。建构超级用户模型的三个维度，分别是会员等级机制、个人信用代理、社交里程碑。

（1）如何构建会员等级机制

如何设计会员等级机制，将会员沉淀成不同圈层，针对不同圈层匹配不同层级的产品和服务？怎样在会员等级机制的架构里，不断梳理产品、服务、场景的设计和数据资产？我们要重新审视既有用户关系。

（2）对付费会员的意识

在这样的强关系里，首先要意识到付费会员不只是一种用户的筛选和沉淀，而是有其对应的清晰功能的界定和价值交付的情感契约。无论是银泰的INTIME365会员、京东的PLUS会员，还是亚马逊的prime会员，都构建了区别于非超级用户的价格和业务组合。京东PLUS和爱奇艺VIP还共享会员体系。京东PLUS是京东商城的TOP战略。京东商城一直以来强化优质入口的概念，京东PLUS会员增强了用户的归属感和尊贵感，京东商城成为其超级会员的首选购物平台。

（3）社群营销的本质：个人信用代理

数字时代，我们应将数据资产定义为哪种优先级的战略资产呢？我们反复提及的云集的本质是**超级用户，就是帮助企业扩张，进行原子裂变的超级用户模型**。原子裂变只不过是我们所说的微粒化的方法，而**利用超级用户的个人信用为基础的信用代理，将个人信用和平台信用捆绑在一起，共同进行社交裂变式的外延**。平台负责构建基础供应链体系的同时，还必须构建平台商誉，建立平台信用。这样当超级用户的个人信用和平台信用绑定进行圈层裂变时，才能不断强化代理关系。一旦平台信用坍塌，必将影响超级用户的个人信用，圈层裂变将起到反噬的效果，其病毒式传播裂变的效果，比构建正向裂变还要迅速。所以超级用户会审慎地选择融入合作的平台，一旦危及个人信用，精心打造的超级用户圈层关系将迅速土崩瓦解。可见，平台信用和平台商誉是构建信用代理的基础。

（4）社交里程碑：超级用户语系

语系正定义着我们真实的身份。在美国，可以用是否读懂经济学人杂志来划分人群。这种方式虽然在"唯有读书高"的中国尚不明显，但在全球很多地区都是一条难以逾越的鸿沟。当我们去定义语系本身时，其实已经在定义圈层化的人群，这和有没有社群无关。当我们找到属于我们自己的语系时，就找到那种能够精准构成强关系连接的用户。语系化的赋能，不论是虚拟还是现实，目的都是构建清晰差异化的圈层。**超级用户思维，是对商业模式在时间和空间上的重新思考，也是数字化商业世界的基础，不仅构建出情感的连接，还成为价值的载体。**

在平台化企业中，关系呈现多样化发展，传统的上下级关系、雇用关系、内外部关系以及企业和企业之间的关系都在发生重大变化。企业秩序不再是可以从上到下支配或者控制的管理体系。

企业内部组织结构柔性化，上下级异位呈常态，员工之间、上下级之间相互赋能，共建心力。企业外部组织共情化，企业和企业之间，企业与超级用户之间建立可信赖的合作联盟关系。平台化企业是一个平衡的系统，呈现信息对称而非层级性。在这样的系统内，只有不同个体之间形成"万有引力"，保持相互信任，稳定才能得以维护。而人与人之间的信任是建立在开放数据之上的，需要保证及时、精准和通透，如有偏向，则大家有目共睹。开放意味着放弃控制权，也意味着成千上万的人才可以为你所用，意味着刺激更好的创新和更大规模的发展。

表 3-1 对平台化管理的关系处理的主要概念以及构建路径进行了梳理。

表 3-1

平台化企业关系特点	权力：共享	• 让渡权力：将决策权、分配权、用人权等管理者最主要的三大权力全部让渡出去 • 用数字化智能管理系统赋能员工，用数据建模分析和数字管理系统协助员工更有针对性地工作，用实时动态反馈来管理、监督和考核员工的工作表现
	能力：共炼	• 企业与员工之间的相互赋能和员工之间的相互赋能 • 赋能强调的是给予挑战与激发动力 • 赋能更依赖企业文化，只有文化才是关系真正持久有效的黏合剂 • 赋能特别强调组织本身的设计、人和人的互动
	心力：共情	• 心力是一致的价值观、一致的使命感和一致的目标产生的共情合力，超越时间和空间的维度而存在 • 从心力去统一价值观，达到比感同身受的同理心更高层次的共情境界 • 心力是最重要的，是企业想成为一个什么组织，领导者和管理层必须始终带着方向和目标感，方可一步一个脚印地踏实行动
构建多样化关系	建立互相成就的知识分享体系	• 公开交流 • 走动式管理 • 敞开式管理 • 组建知识管理委员会 • 信息平台的建设 • 建立"师带徒"的制度 • 固定频率的培训体系 • 轮岗的工作模式
	构建相应的组织结构	• 共享隐性知识最为有效的途径之一便是知识拥有者的流动 • 构建扁平的组织结构或者组建项目工作团队，使得企业内部能有广泛的人员轮换，可以带动隐性知识在企业不同部门间扩散、共享 • 扁平的组织结构使拥有知识的员工辐射更多的群体和后来者
	透明激励体系的重构	• 拥有架构师思维的组织将为社会、客户和员工等利益相关人创造更多价值 • 以薪酬激励和股权收益激励为主的物质性激励 • 精神激励、职权激励体系的非货币性激励

（续）

构建多样化关系	构建管理者共情的"万有引力"	• 管理者的"万有引力"将与赋能型领导力成正比，与机械性的监督成反比 • 管理者的监督作用，将会被人工智能所取代，员工所有数据都会被人工智能机器记录下来，并运用算法进行量化监督 • 管理者的工作，从原来的管理、监督和控制升维到利他、赋能和成就 • 赋能型管理者更依赖利用文化让志同道合的创新者一起发挥更大的创造能力 • 管理者的作用将演变成文化与价值观的营造，产生"万有引力"，吸引更多创新者慕名而来 • 为创新者提供创造的环境和工具，赋能创新者获得创造力，成就创新者的目标和梦想 • 创造透明沟通的渠道，赋予团队成员更多自主权、跨部门调动资源的能力，促进协同的机制设计 • 管理者必须灵活运用跨越传统界限和边界的网络，有能力与各种各样的创新者打交道，建立起多样性的团队和高效的伙伴关系 • 管理者为企业和组织指明前进的方向并果敢做出决策 • 管理者需要培养敏捷创新的能力，跨界整合资源和协同执行的能力
	构建企业超级用户体系和品牌合伙人体系	• 意识到付费会员不只是一种用户的筛选和沉淀，而是有相对应的清晰功能的界定和价值交付的情感契约 • 超级用户是帮助企业扩张，进行原子裂变的超级用户模型：利用超级用户的个人信用为基础的信用代理，将个人信用和平台信用捆绑在一起，共同进行社交裂变式的外延 • 平台信用和平台商誉是构建信用代理的基础 • 社交里程碑——超级用户语系：语系化的赋能是构建清晰差异化的圈层，不仅构建出情感的连接，还成为价值的载体

第四章

能力数字化

NEW

MANAGEMENT

IN DIGITAL

ERA

在2018年俄罗斯世界杯中，英格兰队作为平均年龄最小的球队之一，在八分之一决赛中以点球大战杀入四强，为球迷们交上惊喜的答卷。纵观百年足球的发展史，作为发源地和发展重镇的英国一直具有重要地位，这里有令人向往的足球文化，有对抗激烈、精彩纷呈的顶级联赛，还有狂热激情的球迷。然而，英格兰队自1966年在本土封顶后的大赛征程却一路坎坷，再也无缘夺冠。尤其是十二码线上的接连失利犹如"魔咒"，始终阻碍着"三狮军团"的世界杯征程。

这些年来，英格兰队的世界杯之旅屡有阻碍绝非偶然。联赛的对抗激烈使得球员以及主教练更注重力量和身体对抗，而忽视个人技术的精进和球队整体战略战术的布局与变化。在强手如云的世界杯赛场上，他们早已被对手们仔细研究。此外，队内的中场实力也不够强劲，缺乏一锤定音的灵魂人物，因而难以在过程中掌控全局。

而本届大赛中，崇尚防守的主帅索斯盖特敢于突破旧有，起用新人，在战术布阵中提供了不同战术条件；不仅继承了传统英式中长传硬冲的打法，还在原有基础上排出创新的三中卫阵型，并针对球队的薄弱环节加强训练，在点球和控球训练的基础上，增加连接前后场的攻防转换练习，补充前场、中场和后场的三线实力达到动态平衡。

本届大赛中"三狮军团"的优秀战绩是传统与创新碰撞的结果，是个人技术与整体布局配合的结果，是战略与战术协调的成就，更是自上而下的顶层激发和自下而上的末端辐射共同作用下的必然结果。

做企业与体育有相似之处，企业组织的平台化管理能力也需要不断突破局限，在传统优势基础上实现自我新陈代谢。

如今，互联网平台如雨后春笋般涌现，不仅势如破竹地颠覆各传统行业，而且不断地抢占各个新经济的制高点，迅猛之势让传统企业望尘莫及。这种新生的"平台模式"实际上是资源的汇聚、重组与再融合，使得平台化企业在竞争中保持高度的可塑性，从而达到动态平衡，这和球队在对抗中针对对手不断调整战术打法，组织进攻和防守达到前中后场的动态平衡高度相似。

随着科学技术的迭代，传统企业的竞争壁垒逐渐消融，未来的商业世界是多次元世界的叠加，工业生产时代、大众消费时代以及服务时代诞生的传统管理方法和商业模式已经不能适应多种因素相互博弈的商业环境。在日新月异的竞争格局中，企业犹如在高手如云的世界杯赛事中过关斩将，必须对外部局势保持高度敏感，针对不断变化的赛程持续调整组织结构，聚散资源，保持内部的可塑性和适应性，建立新的竞争优势。平台化管理更适应外部多次元商业环境的变化，综合抗风险能力更强，这是组织进化与商业环境选择的必然结果。

传统企业大多通过建立模型来推测未来商业图景从而制定战略发展方向，而模型的建立基于对商业大趋势的判断。例如，数字货币会代替传统货币还是将成为历史的尘埃？金融资本会大量涌入新兴市场还是会回流到发达经济体？全球能源竞争加剧还是充分供给？但是未来的商业图景并不是这样简单的二元选择，而是多种因素的叠加和博弈。在日益激烈的竞争中，新产品、新服务、新技术以及新的商业模式以前所未有的速度涌现，持续冲击传统企业长久以来的竞争壁垒。

能力的思考：
- 数字时代的企业领导者需要具备哪些领导能力？

- 企业该如何构建这些能力？
- 这些能力将给现有的管理方法带来何种变革？

一
传统企业的能力之困

1. 集权化管理的弊端

传统企业大多采用集权化管理方式，由高层管理者制定所有的决策，中层和低层管理人员只负责执行高层管理者的指示，基层员工参与决策的程度更低。集权化的管理方式把决策权相对集中，很少考虑员工的想法和意见来决策公司发展方向。集权化管理在工业时代易于协调各个部门之间的决策，有助于在短时间内实现规模经济。但是，高层管理者难以估计每个部门的发展和不同需求，容易导致忽视了员工的想法和需求，使得员工在企业里职业发展有限，个人自我价值不能实现。

由于决策时需要通过集权职能的所有层级向上汇报，导致决策链条长、时间长、效率低，决策速度和企业整体应对外部竞争环境时的反应速度差。此外，传统企业一个常见的现象是，早上一上班，最高决策者的办公室外面大排长龙。有些员工为了避免排队麻烦，而导致日常需要快速反应的重要事情被搁置。再者，如果公司业务覆盖面广、网点多，决策层对每块业务和每个网点的实际情况和有效信息掌控度不够，最终会导致错误决策。

2. "信息孤岛"

传统企业大多采用常规的组织结构，按职能或者功能来划分部门。在工业生产时代，工作专门化和部门化可以有效利用员工技能，提高组织运营效率和培训效率。职能性部门化通过把专业技术、研究方向接近的人分配到一个部门，提高工作效率，从而实现专业化及规模经济。

当整个商业社会进入知识经济时代后，这种按部门划分工作的组织形式容易造成各个部门各自为政，沟通不畅，缺少部门之间协作和配合，部门之间经常发生连管理层都平衡不了的一些冲突，导致信息流通阻塞形成部门壁垒，造成组织内耗严重，沟通成本上升，工作效率低下。

部门壁垒形成的根本原因是部门绩效考核的设计，没有把整个战略目标串联起来考核，造成各部门都自扫门前雪，只想着自己部门的一亩三分地，把部门利益凌驾于整个公司战略之上，认为部门追求的目标就代表了这个组织的最大利益。然而，部门与部门之间追求的目标存在利益冲突，是组织设计中特意存在彼此约束和相互制衡的。例如研发部门为了开发新产品，需要资金和人员的投入，而财务部门和人力资源部门考虑的则是控制成本和控制人数，从而符合成本和费用的预算。再例如，销售部考虑的是完成销售指标，而市场部则考虑的是未来数年业务方向和市场布局。这些部门与部门之间的利益冲突升级到情绪与认知的冲突是传统企业普遍存在的问题，久而久之形成以专业为基础的思维惯性和思维固化，不能跳出本部门的专业局限站在公司整个战略布局角度看问题，矛盾逐渐激化，导致整个组织的非健康运营。

3. 激励制度的缺陷

传统企业通常采用的激励手段包括工资、月度绩效奖金、年度绩效奖金和项目奖金等，这些激励制度通常与部门相关。有时候企业目标不能有效分解为部门目标，部门目标不能有效分解为个人目标，个人目标不能与企业以及部门目标协调一致，导致激励效果不明显，员工执行力差。

此外，由于明确的专业分工，公司各部门之间缺乏相互监督和统筹，每个部门关起门来做自己专业的工作，来考核自己部门的员工，其他部门的人甚至公司管理层看不懂这个部门是怎么考核员工的，形成了部门黑匣子。岗位目标、部门目标、企业目标之间没有直接关联，个人业绩好不等于部门业绩好，部门业绩好不等于企业业绩好，各部门没有形成合力朝着统一目标前进，虽然各部门员工每年的工资和奖金都在增长，但是整个企业的绩效却没有产生明显的提升。从部门角度看，每个部门、每个人都觉得自己很忙，都觉得对自己做的事很专业，但其他部门或者管理层又觉得该部门效率低下，专业能力没有被积极调动出来。公司越大，部门黑匣子现象出现的概率越高，随着时间发展，黑匣子的影响力也越来越大，最终导致各部门不能形成合力，风险共担、利益共享。

4．"拍脑袋"决策

传统企业的管理信息量化不充分，无法根据有效的信息流进行数据分析，供决策参考。首先，大多数传统企业家只掌握企业的宏观趋势和发展大方向，对具体经营数据并不十分了解，决策时只能凭感觉拍脑袋。其次，企业内部经营数据出现断层，数据只能在局部循环，形成不了信息流，在经营各个环节流转。

除此以外，企业运营中有很多非经营性信息，如员工离职率、员工满意度、员工培训、客户满意度和客户保持率等未得到有效量化，因而导致不能形成可供决策参考的有效信息。最后，企业掌握的数据和信息不能得到有效的处理和分析，帮助决策层做出正确的判断。企业经营信息的不完整、信息循环的不顺畅、数据分析的不全面导致管理者做出错误判断的概率增大，最终做出错误决定。

5．不可持续的增长

传统企业容易盲目追求市值最大化，规模最大化，着眼于短期能立竿见影的项目，忽略企业长期的内生增长，导致增长不可持续。曾经盛极一时的美国通用电气（GE）的市值也大幅下降，被踢出道琼斯工业指数，结束了GE在道琼斯工业指数成分股长达111年的历史。GE盛极而衰的根本原因是管理层为了争取股东短期利益的最大化，将财务报表的表现置于员工和用户之上，导致GE只投资成熟领域短期内能做到行业第一或第二的项目，而忽略了很多新兴的且具有巨大发展潜力的业务。

◀ 案例阅读：通用电气之败 ▶

传奇CEO杰克·韦尔奇于1981年接管通用电气后，公司保持了长达20年的高速发展，市值从上任之初的120亿美元一路上扬到2001年的6000亿美元，力压微软和苹果成为当时全球市值最高的公司。然而，与之形成巨大反差的是，2017年通用电气净亏损高达62.22亿美元，2018年通用电气宣布退出主业照明业务，针对医疗器械和运输等7个主要业务，分拆和销售了其中4个。

通用电气到底怎么了？

其实，这是公司注重短期高回报，追求市值最大化、股东利益最大化的结果。这种导向使得通用电气的发展过分依赖于外部的金融繁荣而非内生增长。然而，在2008年金融危机中，由于过分依赖金融业务，导致通用电气市值大幅度缩水2640亿美元，曾经帮助通用电气一度封顶的金融业务却成为他们未来发展道路的定时炸弹。更加严峻的是，由于长期依靠金融扩张发展，导致其他业务获得的资源有限，只能投资于短期迅速能看到效果的项目而没有耐心致力于发展新兴的更具有发展潜力的产业，结果整体工业部门业务踌躇不前，通用电气的工业化回归之路更加严峻。㊀

金融神话的破灭使得管理层意识到，在不断变化的商业世界里获得长期制胜能力的重要性，需要以更简单、更快速、适应性更强的管理方法运营通用电气；通用电气的工业化回归通过机器和算法的整合，引导生产力达到新高度。引入科技与金融有助于企业在短时间内扩大规模，获得竞争优势，在一定程度上抵制行业风险，但并不能持久。

导致传统企业面临困境的原因是缺乏科学管理。所谓科学管理，就是将管理科学化、系统化和结构化的过程。1911年，泰勒针对传统的经验管理提出科学管理，将管理科学化分析带到了管理中，为工业时代追求规模生产占有更大市场份额提供了手段，大幅削减生产成本，提高效率。泰勒对科学管理做了定义：科学管理是过去曾存在的多种要素的结合，把多年积累的经验知识和传统的技巧归纳整理并结合起来，然后进行分析比较，从中找出具有共性和规律性的元素，然后利用上述原理将其标准化，形成科学方法。

管理者的首要责任就是把过去通过长期实践积累的大量的传统

㊀ 参见中欧国际工商学院龚焱教授的文章《不忘初心，何为初心？从GE到滴滴，谈企业价值观管理》。

知识、技能和诀窍集中起来，并主动把这些传统的经验收集起来、记录下来、编成表格，然后将它们概括为规律和守则，有些甚至概括为数学公式，然后将这些规律、守则、公式在全公司实行。在经验管理的情况下，对员工该怎样工作，缺乏科学研究，没有统一标准，而只是凭个人在实践中摸索。泰勒认为，在科学管理的情况下，要想用科学知识代替个人经验，一个很重要的措施就是实行标准化管理。标准化管理帮助员工采用更有效的工作方法，对其工作表现进行公正合理的衡量。

虽然这种科学管理理论也有一定的局限性，但自20世纪以来，科学管理思想在商业社会中仍然影响深远，一代又一代的管理大师不断致力于使这一理论更加科学化、系统化和结构化。在数字时代，除了工业生产时代能记录的大量传统知识、传统经验、技能和诀窍以外，管理者还能收集很多原来没能力收集到的数据和信息，包括大量的非经营性信息和流程数据，形成可供管理者分析和决策的经营数据库。先进的技术手段可以帮管理者针对经营数据库进行归纳、整理和分析，形成正确的决策判断的数据基础，使得管理者做决策更理智、更全面。

大多数的传统企业内部管理只是流于形式，并没有真正建立并落实科学完善的现代化管理机制。部分企业权力过分集中，管理者以个人意愿随意管理企业，将个人喜好凌驾于现代科学管理机制之上，难以实施有效的科学管理。部分企业管理粗放，员工职责不清，部门和部门之间权责不分，没有相互监督、相互协调、相互促进的管理机制，导致部门壁垒，形成信息孤岛。部分企业数据的收集、归纳、整理和分析不完善，机制不健全，信息量化不完全，导致信息不完整、不流通，无法形成可供决策参考的信息流。还有部分企业员工激励制度导致利益冲突，无法形成合力。

在经营过程中，由于缺乏科学管理机制，传统企业的资源不能得到充分有效分配，企业针对外部竞争环境不能快速反应，员工的凝聚力低，缺乏主观能动性且难以实现自我价值，导致企业竞争力下降，在商业环境中被淘汰。

与自然生态系统一样，合作与竞争弥漫在整个商业生态系统范围内。企业应该是一个包容一切的整体，管理的边界是具有可选择性的，企业如生物体一样通过企业文化这个企业DNA进行遗传和复制，组织里的成员如细胞一样不断地新陈代谢和自我更新，各个团队如器官一样各司其职、相互协作，信息传递如神经传递一样精准、有效。企业的竞争优势来源于在生态系统中取得领导地位。获取竞争优势的关键在于企业如生物体一样不断地进化与完善，以适应日新月异的外部商业环境，从而有能力站在生物链的顶端引导整个商业生态系统共同进化。

二 平台化企业能力特点

平台通过"去中介化""去中间化"，让产销、供需的双方依托平台的服务生态系统直接对接，简化价值链流程，实现数据共享与信息透明，改变传统行业依靠买卖赚差价的盈利方式以及上下游博弈的恶性竞争关系。平台化企业管理能力具有以下几个重要特征：**大量自主小前端、大规模支撑平台、生态体系领导力、自下而上的创业精神以及快速迭代的变革管理能力。**

1. 大量自主小前端

平台化企业的核心是"以用户为中心"，以数据驱动和生态协同的方式重新构建商业模式、供应链和价值链。商业模式的创新激发了新的产品和新的需求，衍生出复杂化、多样性的服务生态，让消费者个性化服务需求得到极大满足。平台化首先体现在被平台供应链赋能后的大量小前端利于深入了解每一个垂直领域的细分需求，并且实时满足这些需求；其次，供应链被打散再造，形成以用户体验为导向的"协同网络"。此外，价值链被重构后部门以及企业的边界被打破，组织内部与外部环境进行多频次的资源互换，实现价值的转化与放大。

全面数据信息系统的搭建彻底打通了前台、中台和后台数据，实现数据的大流通，形成完整的信息流。数据智能帮助企业打造数据化前端，从而提升用户体验和销售运营能力。数据化前端不仅可以帮助企业采集前沿市场数据，帮助企业了解每个细分市场用户的个性化需求并反馈给后端支持部门，还可以进行数据的可视化查询以及有效分析，支持业务运营的精准决策，打造数据化运营体系的大平台，提高整体运营效率。

后台数据形成一定规模，便有足够能力支持数字化前端规模越变越小，而触角越伸越远，反馈回来的数据可以加强后台数据能力。平台企业通过全渠道触角，利用数字化手段，给用户提供无缝的、全面的、统一的服务。这些数量众多且规模较小的自主型数据化前端，在被赋能、赋权后实现风险共担，利益共享。

这种"大平台 + 小前端 + 富生态 + 共治理"的体系，呈现出很强的灵活性，前端能够切小化的原因在于后台的赋能能力变强，能够达到前方呼唤炮火，后方炮弹就支援的情况，透过信息化、数字化的决策支持赋能以后，前端的人被激活便可以更加全能，从而真正走向小组式小团队，甚至以个人作为经营主体，让无数具有"工匠精神"的个体和小团队能够充分施展创意、创造以及创新能力。

2. 大规模支撑平台

为了整合跨系统的资源，连接大量自主的数字化前端与后台数据库，平台企业须搭建相当于中台的全渠道平台，打造完整数字化运营体系，形成大规模支撑平台，将数据形成大资源池，便于资源共享。中台给各个业务前端提供开放的二级生态服务，将原来分散在各个系统的内部资源共享起来，提供统一的服务能力，对接后台数据库系统。大规模支持平台的建立帮助企业实现数据化运营。数据化运营是对所有自主前端的评估和优化，包含营销活动分析和优化、KPI分析、用户分析、商品分析和渠道分析等。

在公司原有系统与内部自营所有的触点和业务平台打通的基础上，与第三方平台实现数据交换，打通数据壁垒，给第三方平台的用户提供统一服务与统一权益，与第三方形成异业联盟，实现平台与平台之间的交互融合，资源共享，不断积累规模形成资产。

腾讯战略入股拼多多，主要是基于丰富社交生态圈的考虑。通过社交电商，有潜力激活整个微信生态，把微信从单纯的社交工具，全面升级为吃喝玩乐消费的超级平台。微信生态商家越来越多，微信广告销售也会进一步全面打开。最后通过社交电商的交易来丰富微信多元化数据，有助于腾讯金融、零售、娱乐等业务的发展。

另外，云集也属于微信电商生态圈的佼佼者，"小前端"店铺数已从最初的3000家增长至180多万家。云集是"社交电商"。个人在云集上开店是邀请制，没有邀请码就没法注册开店，所以大量自主小前端的店主都有组团互助意识。而他们本身又是消费者，购买力间接也能变成一种收益，这是买卖双方利益关系链的再搭建。云集打破了对"朋友圈"微商的依赖，也不受限于搜索流量模式，社交驱动加上偏中产阶级用户的人群切入，使其将社交电商的购买力充分发挥出来。

云集微店通过关系链做社交电商，解决了流量获取成本高、转化率低的平台电商的通病。云集大平台统一提供货、仓、物流配送、营销和客服等服务，为个人卖家（大学生、白领、公务员、自由职业者等人群）创造了个体创业的机会，让他们经营电商的门槛降低。云集微店为180万店主提供了专职或兼职的零售工作机会。大平台还有利于货源品质和顾客服务得到保障，这样才能形成良性循环的交易闭环。IT系统及机制设计是支持平台后端运营、前端销售的直接要素。

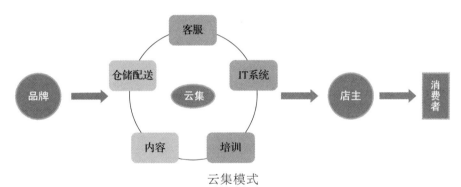

云集模式

注：中台战略——中台足够强大，前台才足够灵活。

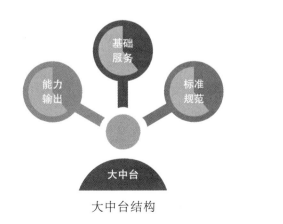

大中台结构

小前端结构

注：平台化组织的中台战略——共享中心和微服务。

让传统企业具备平台化能力的两个核心基因是共享和开放

企业走向平台化之前，内部要做到共享，只有做到了共享，才能对外开放；只有开放，才能形成生态，建立整个产业链上下游的共享生态平台，实现整个生态的共赢。中台系统的建设，本质上就是让企业的数据对内实现共享，对外实现开放，从而变成一家平台化企业。

中台系统"以用户体验为中心，以持续技术创新为目的"，将后台资源转化为易于前台使用的能力。

业务中台是对小前端业务能力支持，更像一个功能模块，而不是数据库，目的是让小前端更专注于业务。比如，客户中心、身份和验证，这些统一的编码来自一个系统，分别支持多个系统对业务的管理要求。不同系统开发的时候，可以直接从这里获取这个功能，而不需要再开发，从而把更多的系统连接在一起。数据中台提供了数据分析能力，为前端提供了强大及时的监控和分析能力，帮助企业从数据中学习改进、调整方向、掌控全局。数据中台的作用是让数据沉淀下来，并产生价值。所有业务系统的数据及各业务触点的信息，会流向数据中台，解决企业数据孤岛的问题，达成信息共享。数据中台的数据来自业务系统，有原始数据、共享数据、萃取数据（已经整理的标准化数据、标签、模型），再反哺给业务中台用。以精准营销为例，数据中台支持算法，业务中台基于算法的结果，支撑实时推荐。

数据中台与业务中台是相辅相成的，两者没有冲突关系。数据中台从业务中台的数据库中获取数据，进行清洗和分析。得到的结果，支撑到业务中台上的智能化应用。这些智能化应用产生的新数据又流转到数据中台，形成闭环。

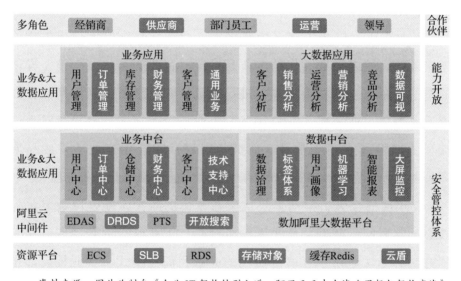

资料来源：图片改制自《企业IT架构转型之道：阿里巴巴中台战略思想与架构实战》。

AI中台提供了前端一线支援能力，帮助企业提供更加个性化的服务，增强用户体验，随机应变。研发中台提供了自建系统部分的管理和技术实践支撑能力，帮助企业快速搭建项目、管理进度、测试、持续集成、持续交付。组织中台为项目提供投资管理、风险管理、资源调度等，是小前端的指挥部，既指挥前线，也调度后方。

3. 生态体系领导力

从第二次工业革命至今的100多年里，企业管理理论随着我们对机器的依赖程度而逐渐变化,从20世纪初对福特大规模生产流水线的推崇,到20世纪80年代以人为本的管理理念回归,管理百年就是一部人与机器的关系史。数字技术的飞速发展令我们望尘莫及,在急速动态中破解数字时代的规律需要极大的前瞻性思维能力。工业时代的企业管理架构是正三角形,需要顶层设计;而数字时代的管理模式是倒三角形,一线员工对市场反馈的决策权最大,企业需要底层设计。我们从工业时代走来,走向智能时代,这一路都有哪些变化?

工业时代,机器生产逐步取代手工劳动,是支撑大规模生产的先决条件,所以工业时代的本质是机器。企业的竞争核心是差异化的产品,企业只要整合资本,进行投资,购置设备,制造产品,在市场上销售,就完成了交易闭环。企业与企业之间的差异是对生产流程的把控能力。企业对流程把控得好,降低生产成本,成品率高,便会使得企业生产的产品的价格和质量均具有市场竞争优势。

百年后的今天,推动第三次工业革命的新技术就是以数字化为核心的互联网,我们从此进入信息社会。工业时代的管理理论和管理方法都无法适用于互联网时代的关系和商业模式。工业社会都是围绕物质财富的创造而存在的,即主要是满足人类的物质文明需求,社会的价值中枢偏向物理产品的生产,而信息只是物质生产的附属品。在互联网时代,物质生产的价值呈下降趋势,价值中枢偏向信息传递,链接成为互联网时代的本质。信息的链接和传输创造大部分的价值转化为数字化营销。互联网时代的企业不再关注物质所有权的交易,而是关注服务。企业竞争力是以用户思维为基础整合资源,提供个性化服务。

互联网进程进入后半段,我们步入移动互联网时代。我们的目标用户的"需求"不断分散,"碎"到无法"集中",传统互联网的价值创造方式就会失效。而大规模覆盖的平台把目标用户都集中到平台上，通过数据分析研究用户到底有什么"需求"，然后通过各种方式（商业模式）满足这些"需求"，通过平台基础设施提供"海纳百川"的服务为用户创造价值。移动互联网时代，企业竞争的核心是流量，而获得流量的关键在于平台的覆盖能力。移动互联网时代的本质是数据。数据分析让复杂交易变得简单，一切都变得有据可查，有迹可循。大数据让传统的以人为中心的管理方式发生颠覆性的变化，大数据让商业社会发展更加微观、更加直观，可以让管理者更清晰地看到事物发展的本质。企业稀缺的能力是数据分析能力和科学决策能力。

物联网的出现，让许多物理实体具备了感知能力和表达能力。随着物联网以及人工智能技术的成熟，我们正式步入智能时代。大数据应用第一阶段是管理数据可视化。管理大数据就是把管理中有用的数据沉淀下来，通过分析提炼找出中间必然因素就形成管理大数据，用数据分析工具表现出来就是数据可视化，让管理者看清楚事物本质和发展规律，为战略执行提供方向和方法。大数据应用第二阶段是数据编程。数据经过分析提炼以后用算法固化下来变成流程。大数据应用第三阶段是数据智能化，可执行编程由自动化的机器人完成，也就是人工智能初级阶段。在智能数据时代，不同类型的企业都在不约而同地自主发展数据智能平台，或者与行业中的数据智能平台形成深度的合作。数据智能互联互通打通各个维度的数据，支持多渠道、多场景、多维度的数据分析与业务运营，产出包括智慧金融、智能营销、商业洞察等综合解决方案与综合应用组合，形成多产品、多服务、多交易场景的生态系统。通过打通数据价值链，可以集中剩余价值、降低数据成本、提高资源配置，从而获得数据智能所带来的价值红利。智能时代的本质就是打造繁荣的生态系统。然而，人工智能广泛运用的智能时代，稀缺能力是生态系统内的所有玩家都达到心智协同，认同平台价值观，完成平台使命。生态领导力成为企业的竞争核心。

我们在表4-1中对四个时代的特征进行了总结。

表 4-1

	工业时代	互联网时代	移动互联网时代	智能时代
时代的本质	机器	链接	数据	生态
企业竞争核心	产品	服务	平台	升维与微粒
稀缺能力	流程把控	用户思维	科学化决策	心智协同

传统企业的管理者站在较高的位置上号令下属，这与工业时代的信息环境和工作环境是适应的。但在数字时代平台化管理的企业中，信息的来源是网状的，每个人几乎都是信息的中心和节点。在这种条件下，一个人居高临下地控制信息、发布信息几无可能。因此，传统企业通过行政权力和职位高低导致的信息不对称而获得的领导力，在数字时代已经不可持续，构建生态领导力才是未来智能时代的发展趋势。

平台生态领导力是如何赋能员工的？领导者构建平台基础设施，利用平台资源和平台优势集聚吸引创新精英、创意个体加入平台，形成平台网络效应。如何加速形成平台效应？除了平台硬实力，实际上还包括软实力，输出平台价值观，吸引、留住、培养更多的"超级个体"，形成生态领导力。领导者充分发挥个体特长，挖掘个体能力和智慧，释放无限创造力，让他们真正找到自己乐意奋斗的方向，明晰发展目标甚至人生规划，自觉产生强烈的平台使命感，最终实现自我价值。这些环节形成良性循环，既是做大平台的标准，也是成功的标志。

构建智能时代的"生态领导力"包括四个关键要素：

- 构建平台系统基础设施，利用平台系统产品和数字化管理模块输出，打造生态场景，帮助生态体系内的生态伙伴利用技术系统提升效率，提高管理能力和降低运营成本。
- 构建利他赋能型领导力，建立强烈平台使命感。
- 构建平台金融体系，通过金融创新方式，支持生态内的企业，实现协同发展。
- 构建平台培训体系，输出平台价值观，实现认知与战略升维，提高心智协同能力。

（1）构建平台系统基础设施，利用平台系统产品和数字化管理模块输出，打造生态场景，帮助生态体系内的生态伙伴利用技术系统提升效率，提高管理能力和降低运营成本

平台化企业构建生态场景包括构建平台基础设施，统合利益相关方的竞争维度，形成共生合作关系，促进平台各方之间的交易；打造平台技术系统产品，输出系统产品模块，创建新型商业模式，提高各个组织间协作维度；建立安全的、信息透明的交易通道，统合生态伙伴的信任，形成合力。例如，收稻智客交易平台通过平台技术系统，构建了数字化的底层基础设施，打通了企业与自由职业者之间的业务数据、财务数据和税务数据之间的流通和对接，促成自由职业的普遍化，引领职业生态的发展。

（2）构建利他赋能型领导力，建立强烈平台使命感

平台化企业的赋能型领导力不基于职位和权威，而是把个人特质、个体特点、任务特点和组织内外环境有机结合，满足共同利益，建立强烈平台使命感，促进组织持续发展，实现共同目标。在对个体的培养中，赋能型管理者强调成就对方，实现互相成全的共赢。

管理者与个体之间的关系是导师、教练、朋友、伙伴的综合体。

◀ 案例阅读：段永平的商业逻辑 ▶

2018年7月26日，创办三年的拼多多登陆美国纳斯达克，对于拼多多的创始人兼CEO黄峥来说，对自己商业教育影响最大的是段永平这位60后老企业家。段永平打造了"小霸王学习机"，创立了家喻户晓的"步步高"，在网易最低谷时大举投资助力其东山再起，还带着初出茅庐的黄峥和巴菲特共餐，他的嫡系门徒掌舵了OPPO、vivo，统领了中国手机的半壁江山。与同龄企业家李书福、许家印、孙宏斌等至今还奋斗在第一线不同，段永平早已隐居幕后，淡出公众视野，通过将自己前半生所领悟到的商业真谛毫无保留地传递给年轻人的方式影响着现有商业格局。

段永平最为人称颂的是商业逻辑："后发制人，专注产品，着重营销，渠道销售"，更具有前瞻性的逻辑是善于分配利益。在企业管理上，步步高遵照段永平一贯的"有利益一起分享"的风格。从小霸王辞职后的段永平，几乎带走了小霸王所有的中层干部，成立了步步高电子有限公司。[一]跟着他出来创业的六个人里就有后来OPPO的创始人。到了1997年，小霸王的24位经销商又集体投奔步步高。在创立步步高时，段永平吸取了小霸王的股份制教训，提出员工股权制的设想，把自己的股份稀释给所有员工和代理商，让大家一起持股，把公司利益和员工利益强绑定在一起。在这种设定下，段永平后来只占步步高17%左右的股份。

[一] 参见项一诚、邱舢发表在微信公众号深响（deep-echo）的文章《段永平：我没有用过拼多多，但我对黄峥有很高的信任度》。

平台化企业的赋能型领导需要有更宽广的胸怀，基于平台发展的利益分享部分管理权力和资源，培养更多的"团队领导"和"超级个体"，这样才能为企业的平台化管理提供更多的一线指挥官，让平台更有效地运转。

（3）构建平台金融体系，通过金融创新方式，支持生态内的企业，实现协同发展

小米生态链是通过建立平台金融体系，建立投资团队，通过投资的方式打造的。2013年年底，小米组建了投资团队，启动小米生态链计划。团队由小米联合创始人刘德负责。小米生态链的选择对象，大多是成熟的优秀工程师和优秀产品，但是这些工程师缺少启动所需的资源，尤其是品牌公信力和用户群。小米利用自身的市场渠道、用户群、供应链管理、投资等平台基础设施资源赋能这些工程师创立公司，以投资参股的方式进行智能生态的布局，并参与利润分享，从而能够迅速构建起产业平台。经过近6年的发展，截至2018年3月31日，小米整个生态链体系中已有90多家硬件公司，出产1600个SKU的产品。

小米生态链有三大投资圈层：第一圈层是小米手机的周边产品，比如生产移动电源的紫米；第二圈层是智能硬件，如小米生态链首家上市公司华米，主要生产小米手环等智能穿戴产品；第三圈层是生活耗材，如毛巾、牙刷等基础生活用品。庞大的生态链布局，极大地拓展了小米商业模式的延展性。

小米的IoT（物联网）平台联网设备数量已经超过了8500万，覆盖了800种产品和超过400家的合作伙伴。大到电视、空调、代步器，小到移动电源、手环，小米提供的智能设备已经覆盖了几乎所有可见的地方。因此，小米成为全球最大的消费类IoT平台。

（4）构建平台培训体系，输出平台价值观，实现认知与战略升维，提高心智协同能力

在处理和生态链企业的关系时，小米站在生态的高位认知竞争与合作，构建小米平台与创业团队的心智协同能力，而不是只是看着企业自己一亩三分地的私利，一味地追求控股和控制权。心力指的是无私的信任与投入，智力指的是无私的知识交流，由此达到目标的协同、动作的协同。小米参股而不控股：无论是在经营方面还是管理方面，小米都赋予了企业管理层足够的自由和权限，不会试图控制所投资的生态链企业。以华米、云米和石头科技招股书中的股权结构为例，小米系的股权占比始终没有超过50%。"不控股意味着小米把最大的利益留给创业团队。当用这个逻辑去组建团队的时候，会发现团队的积极性变得非常高，会乐于上前线。"小米联合创始人刘德表示。此外，小米投资团队建议而不决策：小米对企业的发展提出建议，对创业团队和管理团队进行平台价值观输出，帮助创业团队进行认知与战略升维，最终的决策还是要公司的管理团队来拍板。事实上，许多小米生态链企业都是年轻的创业者，他们具备足够的激情却又担心被投资方控制。小米准确地把握住了这个关键点，一方面将创业者团队紧紧捆在小米的生态链中，另一方面又没有削弱创始团队的主观能动性，企业的发展前景比单纯的收购控制要好得多。建立生态领导力，进行平台价值观输出，提高心智协同能力比控股更加有效。

4．自下而上的创业精神

数字时代来临，新一代的员工希望在组织内实现自我价值，在成就企业的同时成就自我，他们更希望管理者扮演"辅导者"的角色，要求上层能够充分放权，赋予其更大的灵活性。BCG在2016年针对千禧一代员工进行的调研发现，优质的人才"希望工作、生

活能融合而非平衡""喜欢合作型企业文化而非竞争性文化""希望老板能提供很好的指导",将"让世界更美好"作为其最关注的工作价值。这充分体现出新一代员工希望通过企业实现自我价值,而非只是成为企业的一部分。

更重要的是,过去的中层管理者总是基于已有信息管理和领导一线员工,但新一代的员工已经被新兴技术所赋能,能比过去的员工掌握和处理更多的信息,使得企业将决策权向市场的前端转移。华为公司的"让听得见炮火的人来决策"所指的正是这样一种情形。此外,随着数据重要性的持续上升,创业门槛和成本也快速下降。与工业时代主要基于物质资产(高资本投入)的创业不同,此时的创业更多基于创意和数据(低资本投入),这就导致越来越多的社会成员可以基于共享、高效、低成本的互联网技术平台(云计算平台)和商业平台(如淘宝和应用商店),更容易、更快速地启动新公司或业务,并且快速获取全球用户。

平台化企业通过合理的激励制度和数据化运行系统平台分享信息和资源,让员工具有一定的分析能力和组织能力,并给予他们自主决策的权利,提高整个企业的行动能力和解决问题的速度。分权式决策使组织更加灵活、主动地做出反应,基层管理人员更贴近实际,对有关问题的了解比高层管理者更翔实。IBM的欧洲总监瑞纳托·瑞沃索采取类似方式,将欧洲大陆的公司分成200个独立自主的商业单位,每个单位都有独立的利润目标、激励方式以及重点顾客。"以前我们习惯于自上而下的管理,像在军队中一样。"瑞沃索说,"如今,我们尽力使员工学会自我管理。"

5. 快速迭代的变革管理能力

快速迭代的变革管理从来都是为适应市场的变化而发生。当人们还在习惯将"泰勒制 + 福特制"作为企业传统组织的标准配置的时候，时代的变迁已经对企业的管理提出了新的要求。

技术的极速发展和生产能力的迅速提升，不断冲击着企业传统的管理模式，工业时代的管理方法不再适用于数字时代。互联网应用的一大优势，就是降低企业的试错成本，使得创新的代价不断降低，让企业的商业模式和管理方式快速变革成为可能。人们重新认识企业，以往人们将企业看作充斥着线性因果关系的机械产物，如今企业内外部都被看作互相连接的生态系统的组成部分，企业的发展也不仅仅遵循"1+1=2"的线性规律，而更多考虑与整个环境的互动以及企业的重新定位。新的管理学理念为组织形式的变革提供了思想基础。这种转变的发生源于企业的勇敢尝试。我们不仅看到新兴企业采用不同的组织形式来管理企业，还看到传统企业不畏艰难，勇于转型的决心和毅力。它们的积极尝试为组织形式的变革提供了鲜活的素材和经验，为组织未来的发展提供了重要借鉴。海尔面向互联网转型的"海创汇"式探索，已成为哈佛大学等国际知名院校的教学案例。管理大师加里·哈默教授认为，"现在海尔是全球先驱型公司中的执牛耳者，正在为后科层制时代和互联网时代重新塑造管理学的面貌。"这种尝试与转变仍将持续进行下去。相较于在线性体系下的"标准答案"，在新的环境和新的管理学理念下，企业必须将其目标转变为寻求"参考答案"。不断根据环境变化和自身发展状况，对组织变革进行修正，对内部流程进行梳理，将成为企业发展的新常态。

传统的流程化和管控型组织已经越来越难以适应市场变化，平台化和生态化组织却如雨后春笋般涌现，并快速成长。传统的流程森严、秩序井然、按部就班的公司，正在失去快速反应能力，而资源和信息集成、灵活机动、放手人才各自为政的公司，却可能乱中取胜、大获全胜。在智力劳动领域，这种趋势已经越来越明显，如互联网创业、IT行业、投行、投资和资管、律师、会计师、设计师、新型零售和新型地产等领域，越来越多的事业合伙人、平台化和生态化的公司出现，成功的大公司也在为跟上时代步伐而积极变革，万达、苏宁、海尔等传统行业巨型公司，也纷纷开始了平台化转型。

◀ 案例阅读：没有边界的美团 ▶

美团外卖是美团点评体系里最令人熟知、最高频的业务，也是美团系里的现金牛。美团外卖通过美团App直接导入、收购大众点评实现高转化率，和腾讯的微信和QQ钱包合作，以及收购摩拜单车挖掘潜在用户价值，都是在以低于竞争对手的成本获得客户，布局本地生活，使得美团外卖在流量入口上比其他外卖行业的竞争对手更有优势。

美团外卖的盈利模式是"C端收割份额，B端收割收入"，份额是利润的基石。随着美团外卖流量提升，同时借助美团团购与大众点评的力量，美团平台上的商家数量从2015年的50万+增长至2017年的270万+。[一]美团外卖平台给所有在美团外卖App上的这些商家赋能，它们利用美团外卖平台，扩充了餐厅的物理空间，虚拟提高了翻桌率，提升了整体销售收入。而线上餐厅与外卖平台之间的关系，类似于淘宝平台与在线商家之间的关系，同属于平台分发流量，通过客流量给商家赋能，使得在平台上的所有商家提升经营效率。商家付出的成本不再是租金与人工，而是给予平台的返点和购买更高的展示位，商家的成本是

[一] 小丰. 解构美团，如何坐稳外卖行业老大宝座 [EB/OL]. (2018-06-23) [2019-07-01]. http://www.sohu.com/a/237340804_201359.

平台的收入。

可见，美团是一个边界感虚无的公司，它的每一次适应环境的变革都是在开拓一个新战场。经历过千团大战厮杀后的美团几乎垄断市场，又目睹团购行业触及顶点转战外卖行业，外卖行业的格局未稳，美团又一次大刀阔斧地进入一线城市打车市场，同时把摩拜收入囊中，成为城市出行行业里避不开的巨头。美团选择的是围绕本地生活"高频"需求的商业模式。美团团购、大众点评、美团外卖、美团打车与摩拜单车，很难有哪个都市人能够号称，他的手机里没有以上任何一个App，这无疑就是互联网产品的巨大成功。

三
平台化企业能力模型

平台化企业能力模型（见图4-1）具有四大要素，首先要建构**数据智能**，其次要**微粒化组织**，然后**共享资源**，最后形成**多元生态**。通过数据智能，大平台让平台上的各个元素（点——小前端、线——小组织、面——中小型企业、体——大型企业）数据化，让企业内部的基层、中层和高层管理者，还有企业外部的合作伙伴时时掌握相应的业务信息，具备数据分析能力和组织匹配能力。数字化系统平台还可以实现内部信息流通、内部与外部信息交互、资源的共享与自由组合，更好地聚散资源。平台化的管理能力以数据智能为核心，整合上下游资源甚至跨行业的协同资源，形成了多元生态体系。体系内的各个元素更有效地利用和管理信息，给平台化企业带来新的竞争优势。

图 4-1 平台化企业能力模型

1. 数据智能

如今,数据成为最核心的生产要素的时代已经到来,它改变的不仅是交易方式,还有构建交易的方式。技术的突飞猛进为其在商业领域里的深度运用提供了夯实基础,大数据的收集、存储和分析技术,以及深度机器学习技术和人工智能技术等,使得此前欠缺标准的信息日益数字化,将日常经营中沉淀的数据转化成可供管理者参考的有效信息,通过各种应用系统和数据工具的使用,实现精准决策,发展出新的管理方式,全面提升公司工作效率和管理能力,进而产生创新的商业模式。通过数据加工实现数据增值,让大数据开口说话,帮管理层做出正确的决策是大数据技术的真正意义所在。随着大数据和人工智能的充分应用,很多业务决策和运营过程会被数据信息系统所代替,数据信息部门由支持作用变成引导和推动作用。

传统的 IT 是搭建系统,围绕业务需要展开工作。传统企业只完成了最基本的通过办公、财务管理等基础系统的建设支持业务效率提升与成本控制。在数据成为生产核心要素的时代,数据建模分析将取代传统企业拍脑袋的决策方式,用数据驱动产品、市场和运营，通过对数据的多维度交叉分析，深度了解用户行为，评估市场营销效果，优化产品体验，提升组织运营效率。数据信息系统的价值在于通过核心业务系统建设来帮助企业实现管理标准化与流程化、产品信息数据化与标准化，通过BI（business intelligence，商业智能）模型、大数据分析、创新业务平台建设实现业务决策支持与推动创新，数据将成为平台企业最宝贵的资产。但是如何积累数据资产、打造数据模型和用数据驱动管理升级是所有企业面临的挑战，平台企业须搭建完整的数据仓库，深度挖掘数据，争取不放过任何有价值的数据。构建数据智能主要通过数据采集、数据接入与存储、数据查询与分析以及数据化建模驱动管理智能化四个流程。数据主要是通过多方埋点，海量采集，客户端、服务器端以及数据流转过程中数据全面沉淀，并将批量历史数据导入。数据仓库完成后，将分散在各个系统的内部资源共享起来，建立起连接前台和后台数据的中台系统，提供整合统一的数据交换能力，打破信息孤岛，实现数据大流通，并形成信息流。最后，数据信息系统在前端可以实现数据的可视化查询以及有效分析，帮助管理层在日常经营中做出及时且正确的决策。此外，在现有大数据库分析基础上完成数据化建模，驱动管理更加智能化。

未来基于人工智能、业务和决策自动化的深度推进，任何一家好公司都会是一家数据信息公司。

2．微粒化组织能力

平台管理的能力实际上是通过人和组织的协作，产生的一种竞争力。比如说，企业能够在更短的时间内，打磨出一个产品。平台管理的模式，使得企业的迭代能力比别人更强。这种强，不是单人能力的强，而是一种有人、有流程、有制度以及有结构的合力。

（1）微粒化管理的量化典范：区域微粒化、组织最小化与流程细致化

微粒化的管理意指借助技术手段实现流程的数字化和管理的微观化，将员工和工作任务通过大数据进行合理的匹配。如果一家公司仅是百人体量，那么仅通过行政手段便可以满足需求，但如果有千人、万人甚至更多，那么人员与工作的匹配本身就是一项繁重的任务。如果能够借助数据化的技术手段，即使是十万级、百万级的数量，也会轻松很多。比如说，全国性或者全球性企业的员工即使面对相同的工作，也会因为区域导致实际工作量的差异，可以通过测算来合理地进行人员匹配。这就是所谓的"区域微粒化"。因而也可以说，量化的本质是数字化。此外，微粒化还可以从纵横两方面深入拓展。横向来说，它是不断细化组织的层次，由管控转变为直接触及组织和个人。纵向来说，它是不断挖掘个体能力，由执行转变为创造和实现自我价值。

◀ 案例阅读：Uber 的微粒化管理 ▶

以 Uber 为例，这是一家按需的交通服务企业，他们在全世界的范围内掀起了一场革命。他们的系统平台利用定位实现人和车的精准匹配，解决了传统出租车打车难的问题。这个出行平台的最大优势就是能够一键触及最细小的需求单位，还能够将需求和供给方的时间与空间都切分成最小单位（分钟），从而为多方同时创造价值，这就是其他非平台企业难以企及的优势。而纵向来说，则是流程的细致化，如在 Uber 的系统里将上线、接单、计费、点评以及纠纷处理等的所有使用流程都标准化和系统化，并且细分到每一种可能，如乘客在投诉时可以直接选择不满意的原因，而不需要手动或者电话反复叙述，节约了个体和平台

的双向时间，并且让整个流程清晰可见，能够直接提高用户的信赖度和使用黏性。另外，针对不同的时间段给出租车制定不同水平的服务价格，这是Uber商业模式中一个重要的组成部分。当需求上涨时，每公里车费会自动提高。这个提高后的价格由多种因素决定，如当前可提供服务车辆的数量，以及需要通勤服务的人的数量等。为此他们开发了一个高峰定价技术，并获得了专利权。

此外，微粒化管理不一定是管理全职员工。事实上，数据平台的整体管理可以管理每位员工的工作时间，根据员工付出的时间和劳动质量进行计算和核定薪酬，这样可以极大地提升工作效率。Uber通过平台化组织的运作很好地解决了传统的出租车运营问题，整合利用了社会资源。对于出租车司机，缩减了空车驾驶时间，减少了运营成本；对于顾客，不用在大街上风吹日晒等车，更不用眼疾手快地"抢"车，获得了更好的出行服务。虽然Uber在全世界提供如此大量的通勤服务运营管理，但其在每个城市的运营团队一般也就3个人（市场经理、运营经理和城市总经理），最多不超过10人。以最少的员工服务海量客户，聚散自主数据化小前端，这就是平台的魔力。

（2）微粒化管理的质化模式：决策渗透

量化的变化是直观的，事实上，微粒化管理模式已在很多跨国公司中产生了质化的影响，具体体现在用大数据的渗透遴选优秀人才。企业的能力和管理的决策是给客户带来价值的，也是可培养的、组织性的、独特而不可复制的。在公司管理中，财政、供应链、市场销售等领域中的科学决策都需依赖大量图表、表格以及数据，在各自领域提出相应解决方案，人力资源部门同样需要数据化分析帮助决策。当人力资源的可用成本过高，数据化的分析能够以科学的方式实现降本增效。

3. 社会资源共享能力

工业时代，企业需要投资购置大量固定资产以维持大规模生产，而在数字时代，平台化运营的企业将不再需要投入大量资金取得资产的所有权，而是充分获取或调用社会闲置资源的使用权，增加这些社会资产的使用频率从而创造价值。

随着数字技术的持续发展、物联网技术的深度应用以及互联网云平台的极速崛起，平台化企业构建的数据信息系统能够准确地分析资产绩效，帮助管理者形成战略决策，投入资金购置战略性资产，将非战略性资产外包，企业通过互联网云平台在全球范围内充分调取社会资源为我所用。企业"不求所有，但求所用"的理念开始风靡。互联网云平台使得资产的所有权和使用权开始出现分离，企业可以调取社会的闲置资源，以较低成本创造更大的剩余价值。如今，伴随互联网众包平台的崛起，企业不仅可以调取固定资产，还可以调用全球人力资源，针对极速上涨的市场需求快速集聚社会上的人力、物力为企业所用，当市场需求变化时，又能快速解散这些资源，聚合不同的资源以适应新的市场需求。例如，美团就是**通过智能调度不断降低固定成本来获取竞争优势**的。

◀ 案例阅读：不断降低成本的美团 ▶

美团外卖的本质是交易平台，主要依靠收取商家交易的交易佣金返点和广告服务，外卖平台的第二个收入来源则为 C 端用户所支付的每单物流费用。对于美团外卖，物流、管理与营销成本是公司的主要支出。美团外卖采用自有运力（极少）、外包运力（按照各个地域向外承包）与众包运力（组织社会资源）的方式降低成本。

关于商业模式，美团外卖在收入上接近于淘宝，成本形式上类似于京东，收入弹性基本依赖交易佣金返点，成本弹性基本依赖技术对于外卖路线的设计以及外卖骑手的聚散能力。

4. 生态化能力

大规模数据运营系统平台实现了数据在企业内部流转，使得企业内的部门与部门之间信息交互频繁，互动频率提高，跨部门合作增多；完成了企业与外部的数据交互、资源共享，组织的延展性增强，企业与外部的边界开始模糊。大数据运营系统让部门之间有持续性的信息交流，部门之间信息互动的过程代表了跨部门合作结构化的本质，换句话说，部门之间信息的结构化互动增强了跨部门合作。数据化运营平台使得部门与部门之间的依赖程度提高，信息的互动更加频繁，从而促使信息、资源的深度互换，帮助部门从冲突模式切换成协作模式。数据运营平台帮助部门与部门之间形成互惠式依赖，以互补共赢为特征的相依关系，协调各方利益，在共赢的理念下将各个部门紧密连接在一起。从全局角度看，任何部门都是这个大系统平台里的子系统，相互间时刻都发生着信息和资源的交换，谁都不可能独立于这个大系统之外。随着企业外部生存环境的日趋复杂，组织内部各个职能部门之间的相互依赖程度开始增加，跨部门的信息和资源交换、协调与合作就愈发重要。

工业时代的管理者往往只站在企业的角度思考战略的选择及发展目标，分析市场份额和竞争格局，构建供应链以及供应链上下游的议价能力。管理者从单个企业视角出发去思考这些问题，所得到的战略选择有限，发展目标单一，市场竞争格局和供应链上下游多为零和博弈。数字时代的管理者在思维升维的基础上，思考问题的视角从单个企业发展到整个生态体系的构建，综合考虑平台上的个体、团队、组织、企业和社会等各种利益群体的需求，协调各种因素，使得所有群体在平台上的利益达到动态平衡。同时，管理者升维思考，重新审视低维空间里的竞争关系，不再过分注重公司自身利益，而是秉承利他的平台价值观，以赋能的方式去成就平台上的点、线、面、体等各个群体，使得个体、团队、组织和企业共同升维、进化和繁荣。管理者的领导力，不再局限于企业内部，而是逐渐扩展到企业外部的整个生态体系。

数据运营系统平台帮助企业实现内部资源与外部资源的互换，使得内外部的互动更加直接，企业与市场的边界变得越来越模糊，相互之间的协同变得越来越频繁和高效。在阿里云的生态圈中，越来越多的ISV（独立软件开发商）能通过阿里云提供的交付手段，对企业客户实现最快捷的程序交付；而在客户产生新的需求的过程中，ISV借助阿里云平台实现快速协同，ISV的响应速度甚至能超过企业内部IT。组织的边界在日益模糊。随着大量的协同在生态系统中展开，无论是企业内部还是生态成员间，都开始以生态思维去思考组织的形态及发展，组织不再是一个个封闭的机器，而成为开放的体系。篱笆，正在被拆除。

一只南美洲亚马孙河流域热带雨林中的蝴蝶偶尔扇动几下翅膀，就可能导致两周后美国得克萨斯州的一场龙卷风，这就是"蝴蝶效应"，意指在一个动力系统中，初始条件下微小的变化经过不断放大，最终能带动整个系统长期的巨大的连锁反应。蝴蝶效应的初始是混沌的，在一个确定系统中的貌似随机的不规则运动，往往难以预测且带有一定的随机性。多元的商业世界是诸多因素相关联又相制约形成一个错综复杂的系统,在这样瞬息万变的商业环境中,蝴蝶效应频发而又难以预测,导致企业外部环境中微小的改变,都有可能影响企业整个发展轨迹,甚至给企业带来毁灭性灾难。传统商业巨头的衰败、商业帝国的陨落,似乎预示着谁都有可能成为下一个被冲击的对象。历史的车轮不会就此停下,商业世界也绝不会因谁而改变发展轨迹和趋势。企业只有不断修炼平台化能力,构建数据智能化大平台,微粒化组织,开放企业边界,调用外部资源进行平台化扩张,建立生态领导力形成大联盟,以适应不确定的外部环境,增加抗风险能力,方可在历史的层层过滤与筛选中立于不败之地,在激烈的竞争中屹立不倒。

表4-2对平台化管理的企业能力进行了梳理。

表 4-2

平台化企业能力特点	大量自主小前端	• 平台化企业的核心是"以用户为中心",以数据驱动和生态协同的方式重新构建商业模式、供应链和价值链。商业模式的创新激发了新的产品和新的需求,衍生出复杂化、多样性的服务生态,让消费者个性化服务需求得到极大满足 • 全面数据信息系统的搭建彻底打通了前台、中台和后台数据,实现数据的大流通,形成完整的信息流 • 数据化前端不仅可以帮助企业采集前沿市场数据,帮助企业了解每个细分市场用户的个性化需求并反馈给后端支持部门,还可以进行数据的可视化查询以及有效分析,支持业务运营的精准决策 • 在后台数据形成一定规模后,有足够能力支持数字化前端规模越变越小,触角却越伸越远,反馈回来的数据可以加强后台数据能力
	大规模支撑平台	• 大规模支撑平台将数据形成大资源池,便于资源共享 • 为了整合跨系统的资源,连接大量自主的数字化前端与后台数据库,平台企业须搭建相当于中台的全渠道平台 • 中台给各个业务前端提供开放的二级生态服务,将原来分散在各个系统的内部资源共享起来,提供统一的服务能力,对接后台数据库系统 • 与第三方平台实现数据交换,打通数据壁垒,给第三方平台的用户提供统一服务与统一权益,与第三方形成异业联盟,实现平台与平台之间的交互融合、资源共享

（续）

平台化企业能力特点	生态体系领导力	• 构建平台系统基础设施，利用平台系统产品和管理模块输出，打造生态场景，帮助生态体系内的生态伙伴利用技术系统提升效率，提高管理能力和降低运营成本 • 构建利他赋能型领导力，建立强烈平台使命感 • 构建平台金融体系，通过金融创新方式，投资生态内的企业，实现协同发展 • 构建平台培训体系，输出平台价值观，实现认知与战略升维，提高心智协同能力
	自下而上的创业精神	• 帮助员工学会自我管理 • 企业将决策权向市场的前端转移 • 用数字化管理系统赋能小前端员工，帮助前端员工掌握和处理更多信息 • 让员工具有一定的分析能力和组织能力，并给予他们自主决策的权利 • 分权式决策使组织更加灵活和主动地做出反应
	快速迭代的变革管理能力	• 数字技术降低企业的试错成本，使得创新的代价不断降低，让企业的商业模式和管理方式快速变革成为可能 • 企业根据环境变化和自身发展状况，对组织变革进行修正，对内部流程进行梳理，将成为企业发展的新常态 • 资源和信息集成，灵活机动，放手人才各自为政
平台化企业能力模型	数据智能	• 平台化企业搭建完整数据仓库，将分散在各个系统的内部资源共享起来，建立起连接前台和后台数据的中台系统，提供整合统一的数据交换能力，实现数据大流通，形成信息流 • 构建数据智能主要通过数据采集、数据接入与存储、数据查询与分析以及数据化建模驱动管理智能化四个流程 • 数据主要是通过多方埋点，海量采集，客户端、服务器端以及数据流转过程中数据全面沉淀，批量历史数据导入 • 数据信息系统在前端可以实现数据的可视化查询以及有效分析，帮助管理层在日常经营中做出及时且正确的决策 • 数据化建模，驱动管理更加智能化
	微粒化组织能力	• 微粒化组织的量化典范：区域微粒化、组织最小化与流程细致化 • 区域微粒化：通过数字化系统测算来合理地进行人员与工作的匹配 • 微粒化从纵横两方面深入拓展：横向不断细化组织的层次，由管控转变为直接触及组织和个人；纵向不断挖掘个体能力，由执行转变为创造和实现自我价值 • 微粒化管理的质化模式：决策渗透 • 数据化建模分析驱动决策：依赖大量可视化智能图表、表格以及数据进行决策方案优化

(续)

平台化企业能力模型	社会资源共享能力	• 充分获取或调用社会闲置资源的使用权，增加这些社会资产的使用频率并创造价值 • 构建的数据化管理系统准确地分析资产绩效，帮助管理者形成战略决策，投入资金购置战略性资产，将非战略性资产外包 • 企业通过互联网数字平台在全球范围内充分调取社会资源
	生态化能力	• 管理者思考问题的视角从单个企业发展到整个生态体系的构建，综合考虑平台上的个体、团队、组织、企业和社会等各种利益群体的需求，协调各种因素，使得所有群体在平台上的利益达到动态平衡 • 重新审视低维空间里的竞争关系，不再过分注重公司自身利益，而是秉承利他的平台价值观，以赋能的方式去成就平台上的点、线、面、体等各个群体，使得个体、团队、组织和企业共同升维、进化和繁荣 • 平台化企业通过构建平台基础设施输出平台的管理体系，同时管理者通过生态体系领导力，输出平台价值观

第五章

绩效颗粒化

NEW
MANAGEMENT
IN DIGITAL
ERA

在"60后"的父母看来,刚刚迈入职场的"90后"儿子Jeff简直就是把上班当娱乐——从不打卡,很少写字,在家开会,作息不定,工作时总是玩玩电脑甚至长时间低头盯着手机。然而有次偶遇儿子的领导时却听说,他在公司的表现十分优秀,甚至是部门中一个重要项目的负责人,带领着一个比自己更加年轻的纯"90后"团队创造出了良好业绩。这种反差着实让两位家长大吃一惊。

进入21世纪,科技发展不断加速,且呈现指数性的爆炸式增长,人类在最近这200年里所取得的科技成果比过去2000年的总和还要多。互联网的崛起使得知识和信息更快、更便捷地传递和共享,彻底改变了员工的思维方式、价值观及世界观。随着员工的日趋年轻,新旧思维方式的差异日渐突出。"80后""90后"一改"60后""70后"常年兢兢业业的工作形象,新一代人的跳槽频率要远远高于他们的前辈。这是时代变迁对职场的巨大冲击。

"员工离职的原因很多,只有两点最真实:钱没给到位或是心里委屈了。归根到底就一条:干得不爽"。现如今,企业的竞争归根到底是人才的竞争,如何激励人才并将其能力最大化,从根本上解决"干得不爽"的问题,是每个企业都应深思的问题。

这就有了一系列的绩效之问:

- 平台化企业与传统企业的绩效体系有何不同?
- 平台化企业的绩效如何实现?
- 平台化企业团队的内部规则和流程是怎样的?

一
现有绩效管理之困

实现卓越的绩效管理是企业在发展过程中的重要一环,不仅直接关系到盈利能力,还与员工的切身利益、财务管理能力以及业务效率休戚相关。那么如何确定有效目标?如何使目标在管理者与员工之间达成共识?如何引导员工朝着正确的目标发展?如何对实现目标的过程进行监控?又如何对实现的业绩进行评价和对目标业绩进行改进呢?

1. 现有绩效管理体系

总体来看,绩效管理是通过管理者与员工之间持续不断的业务管理循环过程实现业绩的改进,可分为**绩效计划、绩效实施、绩效考核和绩效反馈**四个阶段。完成如图 5-1 所示的 **PDCA 循环**后方可实现整个体系的动态平衡。

图 5-1 PDCA 循环

(1) 现有绩效管理流程

1) 绩效计划

绩效计划是根据公司整体目标,按照岗位职责进行分解,明确各个岗位的具体考核指标与考核标准,并充分沟通,达成目标共识。在此阶段,考核指标和标准的设定是关键因素。管理学大师彼得·德鲁克在《管理的实践》一书中提出了著名的SMART原则,即:

- 绩效指标具体明确(specific)。
- 绩效指标可以衡量(measurable)。
- 绩效指标可以达成(attainable)。
- 绩效指标具有相关性(relevant)。
- 绩效指标有明确的时间期限(time-bound)。

2) 绩效实施

绩效实施的过程主要是对绩效计划按照指定的衡量标准进行监督,检查绩效指标执行情况并指导过程。绩效实施的关键在于,管理者必须投入相当的时间和精力深度参与,以便根据具体表现有的放矢地帮助与指导。

3) 绩效考核

绩效考核依托于绩效实施阶段观察记录的结果与衡量标准进行对比,若实施阶段各类指标的日常记录较为完善,则考核的依据充足,考核容易开展。对于KPI定量指标,绩效考核可根据成员的指标数据统计获得分数。在绩效考核体系建立过程中需要始终明确各部门KPI指标的具体数据来源,确定各部门指标统计清单,明确各部门需要统计的指标数据。而定性分析的考核指标一般由直接领导评价,过程必须客观。对于能力的考核指标，如果仅由直接领导评价，受主观因素影响比较大，一般采取直接和间接领导结合的评价方式。

4）绩效反馈

绩效反馈是把考核结果及时反馈给被考核者，让团队成员了解自身的考核情况并以此反思，总结改进。在阶段性工作结束时，对阶段性业绩进行评价，以便公正客观地反映业绩，并进行评定与总结，给员工反馈，促进员工发展和成长。

通过实际实现的业绩与目标业绩比较，明确描述并总结业绩表现的发展趋势。在对阶段性业绩进行评价前要进行信息收集，尤其是过程信息，在沟通和综合员工与团队领导双方所掌握的资料后，通过会议进行阶段性业绩的评价，包括对实际业绩与预期业绩的比较、团队领导的反馈、支持与激励、改进建议、阶段总结以及下阶段计划。此外，在绩效评价和反馈过程中管理者需要具备优秀的管理沟通技能，例如以正确的方式进行提问、倾听、反馈、批评和激励等。

（2）管理对象

绩效管理系统根据不同的绩效管理对象所承担的工作职责的不同对应不同的绩效考核方法。因此界定和建立有效的绩效管理系统，首先要明确绩效管理系统的适用对象。对管理人员的考核多采用**量化成分较多、约束力较强、独立性较高、最终结果导向的绩效评估方式**。普通员工的特点则体现在工作基本由上级安排，依赖性较强，内容和形式单纯，对生产经营结果只有单一或较小的影响。因此，此时应采用**量化成分少、需要上下级随时充分沟通、主要以工作过程为导向的绩效衡量方式**。

建立绩效管理系统过程中的基本原则是，**对基层员工一般使用标准比较法，对中层管理人员使用目标管理法，对高层管理人员采取非结构化法。

传统的绩效考核方法包括 KPI 法和平衡计分卡。

KPI 法：即关键绩效指标考核法，是一种衡量绩效的目标式量化管理方法，通过将企业的战略目标分解为可操作的工作目标，以部门职责为基础，测量出工作人员的业绩水平，从而控制员工的行为和努力程度，实现组织战略目标。

KPI 的考核方法目前为绝大多数企业所采用，其利和弊均较为突出。KPI 法主要的优点在于它把个人和部门的目标与公司整体的目标联系起来，管理人员可以相对灵活地、阶段性地对部门和个人的绩效水平进行评判和控制，引导公司的发展方向，对员工直接利润和间接利润的贡献大小进行定量和定性的评价，并对绩效结果进行奖惩等。

KPI 法的问题也很突出，以雷军为代表的企业家认为，KPI 已经无法适应互联网的管理需求，会让员工迷失自我，而现代企业的工作核心是做出让用户尖叫的产品，提升客户的体验。在技术上，KPI 严重依赖指标的选择和目标的设定，而指标与目标的设定有较大的人为主观因素。从驱动的机制来看，KPI 主要采取物质激励。而个人的需求、能力和自我驱动力被抑制，员工潜能难以得到充分激活与利用。此外，物质激励会增加运营成本，因此组织不会无限度地提高激励水平。激励水平也并不总是与激励效果成正比，有些时候甚至会适得其反，滋生腐败。

平衡计分卡：即哈佛大学教授罗伯特·卡普兰（Robert Kaplan）与诺顿研究院的大卫·诺顿（David Norton）于 1990 年设计的一种衡量组织绩效的评价体系，该方法对集团化企业的战略规划与管理执行有非常重要的作用。该方法通过财务、客户、内部运营、学习与成长四个角度，将组织的战略落实为可操作的衡量指标和目标值。平衡计分卡也因此成为提升企业战略执行力的最佳管理工具。

平衡计分卡虽然极具战略价值，但对企业的管理基础也提出了较高的要求，人们对它的适用范围提出了疑问，同时过多的指标很难做到均衡，指标的权重分配又带有浓厚的主观色彩，且实施平衡计分卡需要消耗大量的管理资源，管理的成本也是不容小觑的一个因素。平衡计分卡的指标设定过程是对企业战略进行层层分解，对要获得优秀业绩所必需的条件和要实现的目标进行自上而下的定义。这一过程使其更多反映的是组织希望个体做出的绩效行为和努力。具体的指标不能体现个体员工为企业战略的实现主动做出的贡献。另外，它缺乏互动。

2．现有绩效管理之困

综上所述，现有绩效管理体系各有不足之处——缺乏有效定量分析，透明度不高，忽略员工行为和工作过程的评估，反馈周期长以及实施成本高。

第一，以结果为导向，重视对管理者的绩效管理，却忽略过程，导致基层员工缺乏自我驱动。

传统的绩效管理大多以结果为导向，轻视过程中对绩效考核指标的实时监控与分析，忽略与被考核者的及时沟通及反馈，员工很难进行持续改进，对重点指标之外的其他基础指标关注不够，甚至影响指标的完成。由于评估系统追求结果，员工缺乏主观能动性，导致员工很难在实现组织绩效目标的同时实现自身价值。

第二，与日常工作脱节，难以对不同的员工设定不同的考核标准，缺乏针对性。

绩效指标与员工日常工作内容脱节，二者之间没有实现有效承接。传统的自上而下的考核标准大多采用比较机械化的指标，导致绩效管理流于形式，缺乏切实效果。

不同部门的工作性质和工作内容的差异也会导致不同管理者对绩效考核标准理解上的差异，造成员工间的考核标准差距较大，评分结果难以横向比较，保持公平。

第三，基于历史的考核，不能及时反馈从而影响过程中的改进。

大多数企业将"绩效管理"简单理解为"绩效考核"，没有进一步对绩效结果进行全面分析和及时反馈，大多只是"立足现在看过去"，即根据员工过去的表现进行评价；绩效考核被片面理解为只是作为年终奖金发放或工资调整的工具和依据，并将之简单地与利益分配联系，忽视其最终的目的是实现绩效的改进和员工能力的提升与发展。

第四，考核标准模糊，主观性强，缺乏有效定量分析。

传统绩效管理没有系统性的支撑，大多根据意向分数进行意向管理，考核标准模糊，考核者个人好恶主观性强，容易"拍脑袋"，导致考核结果的随意性强，可靠性低。还有一些企业绩效管理片面追求全面，要求勤、能、德、绩一项不差，使得这种空泛的主观评议指标权重过大，缺乏公平客观和连续性。

第五，对考核者的素质要求更高，没有形成系统，成本较高。

持续更新的绩效考核办法对考核者的素质提出了更高要求。要求考核者熟练掌握计算机程序的应用，掌握运筹学的基础，考核过程难以操作和管理维护，造成为了考核而考核。企业需要对绩效管理投入大量的人力、物力，但最终仍然效果不佳。

3. 现有绩效问题之因

传统绩效管理由于缺乏数字化管理系统，难以针对员工具体的工作内容进行定量化考核，导致绩效考核大多以结果为导向。此外，传统绩效考核之间间隔比较久，周期跨度比较大，导致定性考核大多"跟着感觉走"。如果进行定量分析，则考核流程冗长，且考核成本显著升高。传统绩效管理针对性较差，成本居高不下的原因是企业缺乏数字化运营的能力。

传统企业的业务流程、财务流程以及行政管理流程无法实现实时考核、实时决策的敏捷型快速反应，原因是缺乏一个集业务、财务和管理于一体的数字化运营管理系统。

传统绩效管理过分追求结果，原因在于考核者基于过程的考核指标很难观察、计量、监督和考核，尤其对于非业务部门的员工。例如，绩效考核的目的是让前台服务员"增强客户意识"，考核者把考核目标设定为5秒内回应客户，使用规范礼貌的用语，比如和客户说话必须用"请""您""需要什么帮助"等。丽兹卡尔顿酒店对前台服务员的要求是铃响3次内，面带微笑，接起电话，并叫出客户的名字。如果缺乏数字化运营的生态系统，考核者很难在日常观察前台服务员是否是在5秒钟内或者铃响3声内面带笑容地回复客户，也很难观察和记录员工每日接待客户时使用几次礼貌用语，更难观察到是否面带微笑并叫出客户的名字。但如果企业应用数字化管理系统，考核者可以依靠声音识别系统和人脸识别系统自动统计，有效了解客户服务要求的实施情况。系统还可以时时提醒前台服务员要注意工作语言，在更短的时间内满足客户需求等。随着信息技术的发展，数字化的管理系统预示着人力资源绩效管理的新趋势，也将平台化管理推向新高。

大多数企业在推行绩效管理时所用的方式是KPI，这是企业宏观战略目标决策经过层层分解产生的可操作性的战术目标。KPI主要来源于两个方面，一是企业的战略目标，二是部门与岗位的职责。它的最大特点是量化，即结果的相对客观。因此，KPI对于生产制造或是销售人员较易操作,因为他们的工作指标容易采集,如销售收入、销售利润、毛利、回款、销售费用、客户数量、成品率、废品率以及单耗等。而对服务提供者的考核和非业务部门的考核则因缺乏数据支撑而不够公平有效,往往导致业务部门的员工被过分激励,非业务部门的员工则激励不足。

◀ 案例阅读:形式主义的绩效考核毁了索尼 ▶

日本科技巨头索尼实行绩效主义的起点是1994年,将原来的事业部制改革为公司制,与"责任、权力、资源下沉"相配套,索尼同时导入"绩效薪酬"制度。改革后,除了传统的收入与利润两个指标外,还有"ROE、ROA、Cash Flow"等类上市公司考核指标,并将这些指标完成情况与经营者收入挂钩。考核重点变成了"股东价值"以及EVA指标。内部员工层面则导入绩效考核机制,并将考核结果与个人奖金和晋级结合。㊀

当时采取"公司制度"是为了激发业务单元的主动性。改革初始阶段(1995~1998年),确实达到了董事会所期望的"刺激收入、增加利润"的目标,1997年、1998年连续两年收入、利润大幅增长。但好景不长,1998年之后,随着数字技术快速取代模拟技术,索尼开始陷入衰退和亏损。究其原因,与当年的管理模式改革导致的负面作用有直接关系。

负面作用之一:短期导向

子公司总经理要"对投资承担责任",而且投资的ROI

㊀ 参见李序蒙发表在微信公众号管理智慧中的文章《为何绩效主义成就了三星,却毁了索尼?》。

不得低于 10%，使得他们不愿意投资风险大但是对未来很重要的技术和产品，更偏爱能带来短期回报的产品，导致追求眼前利益的风气蔓延。

负面作用之二：本位主义

每个业务单元都变成独立核算经营公司，当需要为其他业务单元提供协助而对自己短期又没有好处的时候，这种体制下人们没有积极性提供协作。这种分权管理把业务单元变成"个体户集中营"，只关心自己的"一亩三分地"，集团丧失"集中力量办大事"的能力。

"四世同堂"带来的管理难题

随着"90后"逐渐成为职场中坚力量，"00后"的实习生也已步入职场，鲜活的面孔和充满个性的灵魂冲击着传统职场的方方面面，"70后""80后""90后"和"00后"四代员工同台献技，企业所遇到的挑战前所未有。此时，"70后"们正在向事业巅峰冲刺，"80后"在感慨青春已逝的同时拼命工作养家糊口，而"90后"带着独有的个人特性和不被"70后""80后"理解的文化杀入职场，"00后"后起之秀也跃跃欲试想要在职场上崭露头角。都说差 3 岁就会有代沟，更何况 10 岁？大部分的"70后"以工作作为主要生活方式，对待上级毕恭毕敬；大量的"80后"追求工作和生活的平衡，以"不加班"为目的，崇尚上下级平等；但是"90后"喜欢张扬个性，追求自我，工作是为了更好地生活，以"不坐班"为目的，希望自己有朝一日也成为老板；而"00后"在互联网浪潮中长大，伴随着移动互联网崛起，生活介于虚拟世界和现实世界间，追求将虚拟世界的成就延展到现实世界里。

企业的绩效管理在面对"四世同堂"时往往手足无措，"70后"

老板和"80后"管理者在遭遇"90后"和"00后"这一群有自己想法，有自己个性的新生一代员工时，如何有效激发他们的工作积极性和使命感？当绩效管理遭遇"90后"和"00后"时，"70后"和"80后"该如何面对？在时代大趋势下，企业的绩效管理该何去何从？是继续故步自封地遵循传统，还是随着新生一代员工数量的增加而大举改革？是继续以结果为导向实现组织目标，还是以自由开放的态度成就个人？似乎每一种方案都有完整的论证逻辑链。在多元的商业世界里，企业要想精准构建完善的管理体系并不只是在进行简单的二元选择，而是要综合考虑各种视角。如今的商业世界不再是简单的巨头纷争，而是各行相依与跨界打击并存；企业与员工的关系也不再是简单的寄生关系、营生关系和共生关系，而是这些关系的叠加与组合。

在数字时代，信息的极速流动催发了个体意识的崛起，伴随着对自我价值的不断追求。组织逐渐转变为为个体实现自我价值而存在，成为赋能于个体的平台。人力资源管理越来越成为组织管理系统中最重要的部分，绩效管理的科学性与有效性成为决定个人与组织表现最关键的因素之一。传统绩效管理不适应快速变化的环境，暴露出越来越大的局限性，因此企业迫切寻找一种全新的工具帮助提升个人与组织的绩效表现。

二
寻找解决之道

1. OKR真的是万能钥匙吗

随着谷歌的崛起，OKR在近几年来逐渐进入我们的视野，大家似乎找到了"万能钥匙"，以为OKR可以解开所有绩效管理之困。

然而，事实真的如此吗？

OKR是一套定义和跟踪目标及其完成情况的管理工具和方法，帮助企业、团队与个人明确发展目标，跟踪工作进展，1999年由英特尔（Intel）公司发明，在谷歌、LinkedIn和Oracle等互联网公司发展成熟，如今已成为企业进行目标与绩效管理的一种新的尝试。㊀

相对于KPI，OKR的目标模糊，更关注提出极具挑战性和追踪意义的方向。OKR的设计则是多向互动的过程，强调"方向的一致性"。其目标自上而下制定，先有企业战略，后有团队和个人目标；此外，强调"员工的主动性"，反映个体对于组织的责任感和对自身工作的期望值；最后还强调"跨部门协作"。

OKR激发员工自觉自愿的积极行为来提升绩效表现，原因有二：一是员工的参与程度会影响工作行为；二是OKR也是个人价值的体现，实现组织目标的过程也是实现自我价值的过程。

（1）OKR的适用性

OKR的有效性需要一定的适用情景和范围。目前OKR实施比较好的企业通常是具备硅谷文化的互联网公司，因为它们面临的外部环境前瞻多变，人员结构精英优质，工作内容需要创新，管理模式尊重个体自主。这些企业尊重个人的发展，可以进行持续创新、迅速迭代以及大量跨部门协作和大规模的团队协作。具体分析，我们可以看到OKR在这些企业带来价值的原因有：

第一，当下科技与时代的飞速发展，必须通过迭代、跟踪目标来引领企业的发展。OKR在这方面具有明显优势，它不要求企业必须设定非常明确的目标，只要认清在外部市场取得成功的方向，就

㊀ 况阳. 绩效使能：超越OKR［M］. 北京：机械工业出版社，2019；约翰·杜尔. 这就是OKR［M］. 曹仰锋，王永贵，译. 北京：中信出版社，2019.

可以通过对目标的跟踪和迭代发挥作用。OKR的迭代周期相对较短,利于企业针对外部变化迅速做出反应和调整。

第二,硅谷的互联网企业是知识型人才聚集之地,员工具备优秀素质,也更加重视自我价值。同时,员工对行业发展趋势的判断和对客户需求变化的敏感性往往是组织绩效提升的突破口。OKR给员工提供自主性和不断的内外反馈。

第三,互联网行业激烈的竞争使得企业必须不断引入和发展新产品与新技术,因此创新是制胜关键。互联网企业的员工有相当一部分从事的是创造性工作,难以分解,为传统的KPI设定带来极大困难。同时,明确的关键绩效指标容易限制员工的想象力,OKR则只在方向上提供指引,为创造性和想象力提供发挥空间和灵活度。

第四,互联网企业经常采用项目制的方式进行技术攻关和产品研发,与德鲁克的目标管理有相似之处。跨部门协作就是资源优化配置的结果之一。OKR是个看重协作与沟通的工具,成员不仅要向整体目标看齐,还必须与协作团队横向互动,与合作各方的OKR达成共识并且形成合作联盟。OKR为项目团队的高效合作提供了保障和及时的反馈,让项目制的管理模式得以顺利运行。

对于那些处于快速变化环境中,需要通过不断创新和跨部门的有效协作来实现组织和个人绩效提升的企业,OKR是很好的解决方案。综上所述,OKR适用于:①需要灵活应对市场不确定性的创新型和学习型企业;②需要建立跨部门协作的执行能力的业务转型期企业;③有尊重员工和团队协作的赋能文化和领导的企业;④组织架构扁平,跨部门互动频繁的企业。

(2) OKR并非万能钥匙

然而,OKR并非万全之策。首先,OKR强调挑战组织与个人能力的极限，设置看似无法完成的高水平的目标，通过自我价值驱动朝着实现高水平目标的方向努力。这一特点决定了OKR的目标通常难度大，容易导致执行者为了绩效而降低目标难度，显然与管理者初衷背道而驰。其次，OKR更重要的意义是激发个体的工作热情以及团队意识，只是这些效用一时难以量化。因此，在运作初期，OKR不适合当作绩效评价的工具与薪酬体系挂钩。

大多数使用OKR的互联网企业借用其他绩效评价的工具来完成对绩效评价的工作，最常见的一种工具就是同伴评审（peer review）。同伴评审一般会邀请评价对象的上下级、项目合作伙伴或者其他有合作关系的团队的同事对评价对象在一个绩效周期中的工作表现、成果贡献、能力价值等方面进行综合评估与反馈，并以此作为薪酬和奖金的重要考量依据。

◀ 案例阅读：谷歌的OKR管理模式 ▶

在谷歌实施的OKR模型中，OKR被划分为4个层级，由上至下依次是：

公司层级OKR——阐述企业的核心和预期。

部门层级OKR——描述各个业务单元的预期。

团队层级OKR——描述团队的目标和预期。

个人层级OKR——描述员工的工作目标和预期达到的关键结果。

每一层级的OKR都是在上一个层级的基础上形成的，最终所有的OKR都与企业战略和总体目标对齐，有效地保证了组织内部的所有成员都聚焦在一致的方向上。

谷歌的目标与关键结果应该具备以下几个步骤：起草、提炼、校准、定稿及发表。

谷歌的目标与绩效管理体系包括两个部分：每季度的OKR和每半年一次的绩效评价。OKR用于日常的目标管理，绩效评价则与薪酬激励体系相关。当谷歌进入绩效评价环节时，通常按照以下步骤来实施：

第一步，员工自评。

第二步，同伴互评。

第三步，上级打分。

第四步，绩效校准。

第五步，绩效面谈。

谷歌还为此建立了一套简单的打分规则，将评分范围控制在0至1分，评分为4个档级，分别是：

1.0分——百分之百完成目标，取得了极其卓越，几乎不可能实现的成果。

0.7分——虽然没有完成目标，但是付出了极大的努力，取得了关键成果。

0.3分——没有完成目标，取得了通过常规努力就能够实现的成果。

0分——没有完成目标，也没有任何成果。

如果多数OKR得分在0.9分以上，很可能说明目标设置得过于简单；如果多数得分在0.4分以下，则说明目标设置得过高，或者目标定位错误，将本不属于重要和核心的领域当作工作重点；得分在0.6至0.7分之间比较理想，说明在正确的方向上取得了良好结果。

OKR的绩效管理模式对员工素质要求也与传统模式大有不同，组织内和团队的大多数成员需要受到过良好的教育和培训，具备优秀的个人素质，能够做到自省和省人，对自己和团队成员的工作做出客观而全面的评价。换句话说，这种OKR+同伴评审的绩效管理模式并不适用于具有大量教育程度一般的员工，或大多数岗位主要是操作性和执行性工作的传统企业。OKR的理念有些超前，难以即刻落地生效。它的有效执行需要合适的文化、开明和公平的领导，以及有敬业精神和自我驱动的员工。

2. 数字技术是"救命稻草吗"

如今，以数据作为关键生产要素的数字经济时代催生了数字科技革命，驱动全球经济社会由人类社会、物质世界组成的二元结构，向人类社会、物质世界和信息空间组成的三元结构转变，同时也给企业管理的全面升级提供了坚实的底层技术支持，使得企业的绩效管理由单一的单边固定模式朝向多元的动态化共建体系发展。数字科技将渗入企业管理的方方面面，企业管理将实现互联网化、数字化和智能化，最终实现降低综合运营成本，提高综合竞争力，增加业务收入和升级产业模式。数字科技是实现数字经济强有力的手段。数字科技为企业实现数字化绩效管理提供了可能，从离线的"记录和考核过去"转向时时在线的"预测未来改变行为"。数字科技可以在企业绩效管理进行在线化、标转化、结构化的基础上，实现对所有运营流程的数字化改造，对经营环节进行精准预测、优化组织结构和布局、精细化运营、实时反馈和纠正，从而形成一个完整的、可持续发展的闭环，真正突破传统意义上的公司运营局限和产业增长的既有模式与边界。

企业与员工在这种共生共建的生态下，衡量"多元化赋能"是否能真正有效地提高员工的主观能动性，优化工作体验，帮助提升组织的绩效和员工的收入与自我价值，从而作为快速迭代的商业模式的保障和基础。

三

平台化绩效管理的特点：绩效维度的颗粒化

毋庸置疑，企业希望在绩效管理中通过量化的数据来观察、计量、监督、考核和奖励员工的工作动态与业绩。当然，业务运营过程中数据的收集、过滤、整合、建模和分析等方面的新挑战也随之而来。如何建设起有效的数字化智能信息系统来实现数据信息的价值化是如今亟待解决的重要问题。

科学化管理方式需要定量化、标准化以及系统化。平台化绩效管理是基于数字化业务运营的生态体系，员工所有维度的工作内容都可用数字化智能信息系统进行定量分析，进行精确化和精细化的绩效评估。这种数字化智能信息系统可以大量引入非经营性数据，利用数字化智能信息系统对员工行为做大量的观察、计量、监督和考核。考核的范围扩大、深度加强、透明度更高，这使得绩效管理系统更加科学和完整。

如今，绩效管理系统的研发变得极为重要。企业可以通过数字化建模进行行为和结果的相关性分析，研究行为与结果的因果关系。绩效管理系统通过数字化建模对相关性和因果关系进行分析，可以清楚地了解什么样的行为可以改善运营和客户服务的过程，提升组织能力，改善产品和服务质量。模型化的绩效管理体系可以有效地对组织能力进行新陈代谢、自我更新。例如，销售人员应对不同客户的互动方式、销售话术，销售团队的管理方式与培训内容，经过数字化建模与分析后，更能适应各种场景和客户的需求，从而提高销售绩效。

数字时代的绩效考核会更加及时。绩效和行为反馈不用等到一个月、一个季度、半年或者是一年以后再进行，数字智能化的信息系统可以实时同步。考核者每天都可以看到员工绩效目标完成情况，及时反馈给员工，持续改善员工的行为以提升绩效。传统绩效考核根据历史对考核目标的完成情况进行评价，在数字时代，数字化智能信息系统可以从过程介入，持续改善过程而影响绩效结果。数字化智能信息系统使得绩效管理可以做到持续观察、及时反馈、改善行为、影响结果。平台化企业绩效考核呈现典型的绩效维度颗粒化的技术特点。

绩效维度的颗粒化，就是将绩效管理视角从传统的宏观定性观察，深入聚焦到微观领域（比如人的行为）进行多维解析，而后沉淀丰富的绩效数据。这样的绩效考核机制会把组织延展到个人和个人行为，所需收集的绩效数据不仅包括组织和个人的绩效结果，还涉及员工个人的工作行为、工作过程和工作结果，并且沿着业务流程时间轴进行更精密、更全面的信息采集，以及基于模型算法的快速处理和多个体的即时反馈。这种对绩效解析度的处理技术，我们称之为绩效维度的颗粒化。

- 绩效维度的颗粒化，使得绩效维度更具有针对性、客观性和即时性，极大地提升绩效维度的透明度，为更精准的管理改进提供决策依据。
- 绩效维度的颗粒化，不仅包括对业务流程与环节的高度细分、全过程绩效数据的采集、绩效指标的甄选与权重分配等，还包括大数据的积累以及数据算法的构建与检验等大量技术性的信息处理。而这些技术处理有益于绩效管理的透明、公正、多元，以及系统性和即时性。这给员工带来自主性和积极性，给组织带来好绩效。

平台化绩效管理应该具有公平性、实时性、系统性以及多元性等多样特色（见图5-2）。

图 5-2 平台化绩效管理的特点

1. 公平性

公平理论是美国行为科学家斯塔西·亚当斯在《工人关于工资不公平的内心冲突同其生产率的关系》(1962)中所提出的:"员工的积极性取决于他所感受的分配上的公平感,而员工的公平感取决于一种社会比较或历史比较。"

员工产生不公平感受的根本原因与个人的主观判断、个人所持的公平标准、评定人的素质等诸多影响因素有关。对于公平性的理解,因个体差异也许见仁见智。不完全信息使个体对"比较"脱离客观实际。比较的结果是否符合客观实际,取决于人们对比较对象的投入和产出情况是否信息完整。主观认知受认知主体的价值观念、知识经验、意识形态、世界观等影响。所以,不同个体对同种报酬的效用、同种投入的价值的评价都可能不同。例如,有的人把工资(奖金)看得比晋升更重要,而有的人却把晋升看得更重要;有的人认为学历很重要,而有的人则认为经验更重要。这就使"比较"失去了客观标准,即便两个人的投入产出比完全相当,但两个人均可能感到不公。

而数字化的绩效管理在一定程度上解决了信息不对称的问题,

使得个体对比较对象的投入和产出情况有足够了解，降低了个体因不完全信息产生的脱离客观实际的比较。数字化绩效管理的多元性可以针对不同个体对报酬的效用、投入的价值的评价的不同进行差异化管理，因为它可以捕捉和沉淀历史数据，记录个体在历史时期对于薪资和晋升产生的不同效果并建模分析，分析个体对薪资和晋升的不同价值判断，然后有针对性地给予相应的激励方式，使个体在信息透明的前提下，进行"社会比较"而达到建立自我客观标准的过程。员工的公平感受可以激励员工，带来更优绩效。数字化智能管理系统还可以对历史时期员工的期望值与结果进行建模分析，然后预测员工接受一项新任务或工作时的预期值。最终，数字化智能信息系统能将工作成果的数量和质量，以及员工的能力、技能、资历和学历与给企业或组织产生的价值进行综合建模分析，利用算法计算出产生价值的权重比，根据计算出的权重比进行绩效标准设定，按照价值输出系统自动进行绩效考核，降低评定人的主观差异，使得员工激励体现在价值输出上，增加员工的公平感。

数据化业务运营管理系统使得绩效管理变得精准和通透，从根本上颠覆了绩效管理的传统模式，将绩效管理计划、实施、考核、反馈的闭环缩短。传统绩效考核工具大多根据意向分数进行管理，容易出现"拍脑袋"式的主观性偏差，因为很多与岗位技术相关的过程行为难以观察、统计、监督、考核和共享，导致传统绩效要么以结果为导向，不注重过程，要么针对执行过程的考核完全凭印象。这些因为考核者和被考核者信息不对称而导致的难题在数字时代变得完全精准和通透，通过数字化业务运营生态系统的建模计算与分析，考核者能够有全局观，收集的数据更全面，维度更广泛，产生的结果更准确。大量的数据信息在全面、有序的企业战略管理框架中被归类、识别，并通过数字化业务运营系统中的技术工具进行数据沉淀、萃取和研发，再通过辅助保障系统将分析后的数据信息按流程和组织系统地输送给终端，形成一整套完善的数字化业务运营生态系统。

绩效考核者可以利用数字化业务运营管理生态系统精准地捕捉到被考核者在工作过程中的行为数据，自动记录和计算考核目标的完成情况，考核者和被考核者可以随时掌握被系统记录的行为数据和完成进度，并以此为据实施考核。考核者通过精准地观察和详细地记录做出更为公平的绩效考核，甚至有些结果是基于人工智能技术，机器经过学习和大数据分析而成，将之与预期目标值比对，自动针对考核目标做出的客观判断。用数据说话，并且让数据流通共享，使得操作的过程和结果都透明化，让基于同伴评价的考核方式变得更客观，将绩效考核从传统的单边评估发展为全面评估。

数字化系统将评估周期大幅度缩短，数据的沉淀可以以分钟或者以秒为单位，更优于传统考核周期大多以周、月或者季为基础周期进行的考核，半年或一年进行结果考核。数字化系统帮助考核者对工作完成的整个流程监控，如果过程中哪一环节出现问题，系统都会及时提醒。数字化系统是平台化绩效管理的基础和土壤，在数字建模分析的基础上得到的宏观结论，能够为战略决策起到指导作用。平台绩效管理是以目标实现为导向的自我驱动，而传统绩效管理是以利益驱动的利益分配机制。数字化系统可以帮企业绩效管理做到责权利有机统一，工作目标量化、可操作、可考评，用数字说话，让员工心服口服。

2. 实时性

传统的绩效考核和反馈缺乏及时性，而数字科技的发展使得平台绩效管理与此截然不同，也为企业应对动态环境提供了战略工具，绩效管理的闭环不断缩短，甚至不用人为干预，借助人工智能设备就可以做到以分秒为单位进行考核和反馈。工作中，**智能设备通过对过程和各时间节点的目标完成情况进行即时监督，及时反馈给员工；员工借助于智能设备的提醒，及时调整行为，最终改善绩效**。过去的技术不能够满足这种绩效管理的要求，公司需要投入大量的人力、物力，需要考虑绩效考核的投入和产出比，希望找到最高性价比的考核方式，既达到激励员工完成绩效的目的，同时也考虑控制考核成本。当投入的成本和烦琐的考核方式超过考核本身带来的价值，公司就会调整绩效管理系统，简化流程，降低考核成本。

如今，平台化管理的绩效依托于互联网化、数字化和智能化的管理系统，融入类似于"钉钉"这样的管理工具，及时发现问题、即时分析并且即时决策和反思总结的同时，大幅度降低管理成本。以前需要巨额花费的智能系统，以及难以捕捉的行为数据，现在企业都可以借助融入管理生态的 SaaS 系统，以低廉甚至免费的方式获取，大幅度提高管理效率。例如"钉钉考勤"，为企业节省定制或购买考勤软件的投入。钉钉考勤的智能移动考勤和自动汇总报表大幅度缩减人力资源部每月考勤统计的天数。之前请假、出差、外出等申请审批数据需要企业 HR 手动汇总到考勤统计表中，而在"钉钉"里完成的审批数据自动同步到员工的考勤统计表中。之前多个门店或者多个考勤地点的考勤数据需要人工收集，手工汇总到考勤统计表中，而"钉钉考勤"可以通过人脸识别或刷卡收集信息，自动汇总全集团的考勤数据。管理人员可以在手机端实时查看考勤汇总，借助自动生成的考勤排行榜，团队之前需要"拍脑袋"定性分析的勤奋考核目标，现在可以借助钉钉捕捉反映勤奋情况的行为数据，从而进行定量分析。钉钉考勤帮助企业降低 30% 以上的成本，实现多地点、多门店的统一考勤人事管理。"钉钉考勤"比之前的考勤系统更人性化，传统考勤系统经常出现上下班时间"一窝蜂"排队打卡的情况，员工还经常忘记打卡。"钉钉考勤"可以接入人工智能设备，借助人脸识别技术，进行笑脸打卡，让所有员工的工作从微笑开始，不再忘记打卡，确保考勤结果安全有效，避免替代打卡风险。

3. 多元性

在工业生产时代，企业内部百分百都是自己的员工，企业和员工是雇用关系，员工要依赖于企业所有的资源和生产资料才能创造价值，员工依附于企业而存在，脱离了企业，员工将无法创造价值。随着数字革命席卷职场，如今的职场与20世纪相比发生了翻天覆地的变化。无论你与同事同在一个办公室、一栋大楼，还是身处大洋彼岸，这毫不妨碍你们之间紧密地交流与合作，这都是数字技术带来的好处，极大地拉近了距离，也一点点撬开了企业的边界，丰富着组织的人员结构。数字时代，就业市场数字化平台兴起，企业的用人观点也发生了变革，"只求所用，不求所有"的理念开始蔓延，并大有颠覆传统之势；与此同时，越来越多的人群加入新型弹性工作者的行列，追求斜杠（slash）人生（满足人生扮演不同角色的愿望）。企业和员工的关系从工业时代的雇用关系逐渐发展成数字时代的长期合作关系，共建生态系统而形成共生关系。

随着就业场景数字平台化发展的深入，组织的边界变得越来越模糊，组织内部和外部开始出现交融，这使得企业的管理范围边界也越来越模糊，可能是组织内部的，也可能是组织外部的。

此外，多元性的另一个体现在于企业数据的多元化，组织或团队的整体数据、员工的个人成果、能力、态度、团队精神、自我追求等都可以作为一个维度的数据被记录。这种多维度的数字化管理系统不仅可以使企业内部的绩效管理变得精准、及时和通透，还可以管理企业外部的业务合作伙伴，给他们的表现进行考核并及时反馈考核结果，给予相应激励。

（1）滴滴平台"按劳付酬"：利用用户评价对司机进行绩效考核

比如，在滴滴、易到等打车平台上工作的司机属于企业外部的业务合作伙伴，可以随时通过手机端查看自己服务的里程数，以及服务的乘客对自己的评价；可以知道是否因服务不好被扣业务分成收入，或者因为提供了超出客户预期的服务获取了哪些额外奖励。滴滴平台上司机获取的奖励都是实时的，平台对司机的激励也是实时的，这使得司机的服务行为能够通过实时考核、反馈和激励马上调整，从而改变绩效结果。

（2）零售企业"按业绩付酬"：利用全渠道销售转化率对品牌合伙人进行绩效考核

传统零售卖场里的导购，属于企业雇用的员工，而他们的离职率居高不下。传统的绩效管理体系中，导购员的提成是根据在卖场中产生的交易额来计算的，导致他们只关注在店内产生消费行为的那些顾客，而忽略犹豫不决需要考虑才会进行延迟消费的那部分潜在客户。如果企业借助数字化业务运营管理系统，将传统导购由员工变为原子化连接的品牌合伙人，这些合伙人在线下卖场里抓取到系统里的潜在消费者，不管是在卖场内产生的消费交易，还是在卖场外的任何地方或在线上的消费交易，都可通过全渠道、全产业链打通的数据统计到相应的品牌合伙人绩效表现中，让其得到相应报酬。这样，合伙人的工作性质就从原来的现场导购雇员变成了企业全渠道的销售人员，他们可以在卖场内外各个渠道进行时时营销，可以借助自媒体平台营销，影响潜在消费者的购买行为，成为品牌销售和自媒体市场营销人员，这极大地提高了他们的积极性和归属感。

如今的信息变得极端通透，执行人和考核人都实时掌握运营数据，行为以分钟记录、以秒记录，对传统绩效管理思路产生颠覆性的作用，绩效管理体系也和商业模式一样迭代速度很快，绩效考核的方法层出不穷，除**按劳付酬**和**按业绩付酬**，还有**按交易量付酬**、**按交易率付酬**、**按点击率付酬**以及**按服务时长付酬**等。

"90后""00后"员工步入职场，给企业组织带来新生力量的冲击，他们不惧怕冒险，敢于创新，不喜欢被职位头衔或企业的组织结构羁绊，具有批判精神，追求将自己的构想付诸实现。未来的员工更注重工作的意义感和自我价值的实现。随着人工智能技术的深度应用，企业日常的监督、管理、反馈可以交给数字化业务运营系统，管理者则更加注重组织目标与个人目标的统一、目标与工作意义赋予的统一，以及"宽松"与"监督"的统一。管理者设定绩效目标时需融合员工自身的职业目标，绩效考核结果反馈的目的不是去监督和评价，而是帮助员工改善绩效达到成功，成就员工和实现自我价值。未来的组织是赋能型组织，数字化绩效管理不仅要管理好内部员工，还要管理好外部的合作伙伴，在互联互通、互惠互助的平台上实现共同目标。组织不再是服从老板的理想和目标，而是让每一方甚至每个人都能达其所愿，共同构建出共赢与共识的良性生态。

4. 系统性

在工业时代，企业的绩效管理体系奖励的是时间成本，因为这几乎可直接与产出挂钩。但如今，企业需要有创造力的员工带来更大的智能化价值，绩效管理体系不应该只停留在奖励员工简单的重复劳动上，或者只停留在提倡操作执行力层面。仅仅勤奋与努力已不能满足用户对企业价值创造的需求，此时，绩效管理体系应该引导员工把时间用在刀口上。因此，传统绩效管理已经不能满足数字时代赋能型组织的需求，需要彻底"大修"。

未来数字化绩效管理借助数字技术除了能让员工感觉到公平与及时，还要能够满足千人千面的多种需求，使得考核内容与员工的实际工作相结合。数字化绩效管理借鉴消费平台的大数据"千人千面"技术实现对员工的绩效管理。例如在"新零售"领域，天猫与京东依靠大数据技术实现了千人千面的个性化内容推荐。基于大数据平台和个性化推荐算法，"千人千面"针对不同用户提供不同内容展示，背后依靠贯穿网页版、移动端、微信平台上的海量用户行为数据，建立了用户、商品和店铺间的关联图谱。在数据海选层面，选取推荐品的候选集合会利用"召回模型"，模型基于购买行为、浏览行为、用户偏好、地域属性等维度进行运算。而基于候选进行排序，即"总决赛"阶段，就是一个排序的算法问题。例如，京东商城采用的方式是多个模型融合算法，将运算效率最大化。从算法来看，有8～9个模型，如在线相关、在线相似、离线相关、离线相似等，将近期的热销品牌和品类基于用户实时行为建立的一些模型，共同组合在一起，提高总体效率。京东通过"实验竞争"去实现算法迭代，通过平均每周七八个算法实验去衡量相关指标的达成率，如转化率、点击率、GMV等，以此保持优胜劣汰的筛选机制。⊖

⊖ 中国经济网. 京东首页改版：千人千面的源动力 [EB/OL]. (2015-04-13) [2019-07-19]. http://news.yesky.com/prnews/17/57790017.shtml.

数字化绩效管理利用数字化业务运营系统的人工智能和大数据技术，通过建模分析历史时期的投入和产出比，清楚了解到不同岗位员工的哪些行为因素会增加企业价值。系统将根据这些因素及时调整不同岗位的考核方向和标准，从而正确引导员工。数字化业务运营管理系统通过建模分析寻找各个部门员工的投入与企业长期价值和短期价值的因果关系，算出最关键因素。例如，各个部门的投入权重，管理、研发、产品与销售之间的价值分配，系统性地调整绩效考核的方法和标准，达到企业长期价值和短期价值平衡，达到各个部门与系统的利益平衡，解决平台化企业运营过程中前台、中台和后台的协调与利益分配。数字化绩效管理更注重分享、沟通和交流，平衡好绩效过程中人与数据的关系。数字化绩效管理更重视以人为本，讲究量才录用，让人的潜能极大地发挥，从而提高团队执行力和凝聚力。管理层基于数据的分析，建立数据模型模拟运营过程，在经济衰退期可以帮助公司稳定增长，在经济繁荣期则可大幅度扩张销售。

四
平台化管理的绩效实施

数字化转型代表着人力资源管理以及绩效管理的新方向，也是企业向数字化业务转型的原动力。在数字化转型过程中，人力资源总监需要一只脚踩在业务现实中，另一只脚踩在快速增长的数据池中，挖掘数据的深层意义，掌握数据导向的洞察力，以此为绩效管理提供基础。具体而言，人力资源总监要帮助企业建立新的绩效管理体系，关注整个企业数字化转型的方向，除了跟踪人员效率与效益之外，还要充当数字化变革的支持者，推动数字化运营环境的创建，支持实时绩效、实时决策与技术开发合作，共同推动数据沉淀、数据共享和数据建模，支持从传统结构向完全数字化运营的转变，支持建设全面数字化生态系统。

随着人工智能和机器人流程自动化等技术在企业的大量运用，数字化也可应用于人工与自动化相结合的流程，通过采用机器优先的交付模式，人力资源总监可以将人力和机器的工作无缝结合，针对不同工作内容的差异化管理，加强全面的绩效管理，通过数字技术把合适的人才匹配到企业的痛点上，提高工作效率。

目前，尽管大多数企业都意识到新技术的存在，但在制度上企业高管还缺乏评估新技术影响的手段、方法和判断力。随着企业领导层越来越认识到数字技术将从根本上改变运营并带来决策的重新制定方式，人力资源总监要审慎选择合适的人才战略，并将这些选、育、用的战略与企业现有或即将获得的数字能力相结合。数字化技术能够让企业有机会自我创新，并重塑运营模式。

人力资源总监需要拓宽自己的能力界限，熟练掌握从IT架构到人才培养的全面技能，还必须保持时刻自我迭代的能力和动力。人力资源总监要成为数字化的推动者和领军人物，培养起数据分析等综合能力，助力企业探索数字化前沿。协同生态系统在增强竞争优势和抵御商业模式面临的挑战方面发挥着核心作用，要想成为数字化企业，人力资源总监必须通过在数字化业务战略中建立问责制，培养和塑造对创新和试验的关注，安排合适的人才组合，不断调整绩效管理系统从而改变企业运营模式，帮助企业从根本上实现转型，而不是墨守成规、故步自封地遵循传统人才培养以及绩效管理的方式和方法。

数字化绩效管理系统是数字化业务运营管理生态系统的一个部分，包括指挥中心、执行平台和监控平台等三大"系统平台"，只要轻点鼠标，人力资源总监就能通过这三个平台掌控从计划到监控，到考核，再到反馈的绩效管理全过程。数字化绩效管理系统运用信息技术编程化，对考核程序、考核模型等进行设计，与现有业务系统数据资源对接、整合，把日常业务工作纳入考核中，实现透明操作、技术应用、常态管理、奖惩分明。考核者只需通过无线网络登录系统，依据系统提供的考核项目对每项管理指标逐项核查、现场录入，同时，以录音、照片、摄像等留存资料为辅。系统自动上传现场考核信息后，后台数据中心自行计分、汇总并固化考核结果。数字化的绩效考核实现了对基层工作的动态监管和可视化管理，不仅为高层决策提供了数据支撑，而且促使人力资源部门关注一线员工的真实需求，也可帮助员工逐步实现自我价值。

1. 数据从何而来

企业大数据的主要来源有三类。

（1）生产经营相关业务数据

这类数据主要来自传统企业信息化范围，被收集存储在企业信息系统内部，包括企业内部办公系统（OA系统）、企业资源计划系统（ERP系统）、产品生命周期管理系统（PLM系统）、供应链管理系统（SCM系统）、客户关系管理系统（CRM系统）等。通过这些企业信息系统已累计大量的产品研发数据、生产性数据、经营性数据、客户信息数据、物流供应链数据等。

（2）设备物联数据

这类数据主要来自生产经营设备和目标产品在物联网运营模式下，实时收集涵盖操作和运行情况、生产情况、使用情况等体现设备和产品运营状态的数据。此类数据是产业大数据增长最快的来源。这类数据可以有效计算出资产绩效，以及资产和人工组合的绩效等。

（3）外部数据

这类数据包括企业经营活动和产品相关的企业外部互联网来源数据，比如预测产品市场的宏观社会经济数据、政府统计局发布的有关趋势及市场数据等。

利用企业管理大数据时除了注意海量性、多样性等特点，还需要具有价值性、实时性、准确性和闭环性四个特点。

应用企业管理大数据与消费互联网大数据不同，具有非常强的目的性，而消费互联网大数据则更多挖掘关联性，是更加发散的分析。在运用企业管理大数据的时候，要注意如下几类特点。

（1）内在机理性：洞悉背后的意义

企业运营环境中获取的大数据与消费互联网大数据相比，显著的差异在于对数据特征的提取，管理大数据注重特征背后的物理意义及特征之间的关联性的机理逻辑（因果关系），而消费互联网大数据则倾向于依赖资料分析或统计学工具挖掘属性之间的关联性。

（2）全面性：注重时效性，避免断续

相对于消费互联网的大数据，企业管理大数据更注重数据的全面和完整，即面向应用要求具有尽可能全面的使用样本，以覆盖企业经营过程中的各类变化条件，保障从数据中提取能够反映对象真实状态的信息。企业管理大数据要在数据收集方法上克服数据碎片化带来的困难，利用特征提取等手段将这些数据转化为有用信息。

比如，企业应用"钉钉"作为移动端管理系统时，员工可以使用"钉钉"及差旅系统预订和购买火车票或飞机票。"钉钉"的后台系统可以完整地统计出该员工的购票时间及旅程的出发和到达时间，减少了员工的报账作业时间。这些数据清楚地显示，有些员工是一早出发，晚上回程，有些员工是中午出发，次日中午回程，另外一些员工是晚上出发，第二天晚上回程。数据化绩效管理可以将这些数据结合每一位员工的其他数据指标的表现情况，找出时间数据和绩效表现之间的因果关系，计算出一个综合勤奋指数纳入绩效考核中去，将之前无人关注的出差时间数据变为有用信息。绩效指标的勤奋不再是"埋头傻干"，而是有因果的关联。管理大数据的运用是从数据获取的前端设计中以价值需求的设想制定数据标准，进而在数据与信息流的平台中构建统一的数据环境。

（3）高质性：提高数据质量，满足低容错性

如果因为数据碎片化导致数据的质量无法得到保障，在企业管理数据分析上，最终可能导致数据的可用率很低。而消费互联网大数据则不同，可以只针对数据本身做挖掘、关联，而不考虑数据本身的意义，即挖掘到什么结果就是什么结果。一个经典案例就是美国的"啤酒与尿布"营销，超市经过购物习惯、购买行为的数据挖掘后，将啤酒货架摆放在尿不湿货架的对面，而不用考虑商品间的因果机理性的逻辑关系。相比于消费互联网大数据通常并不要求有多么精准的结果推送，企业管理大数据对预测和分析结果的容错率远远比互联网大数据低得多。消费互联网大数据在进行预测和决策时，考虑的仅是两种属性间的关联是否具有统计上的显著性，其中的噪声和个体之间的差异在样本量足够大时都可以被忽略，这样使得预测结果的准确性大打折扣。例如，当数据分析建议有70%的显

著性应该给某个用户推荐 A 类电影，即使用户并非真正喜欢这类电影也不会造成太严重的后果。但是在企业实际管理运营中，如果仅仅通过统计的显著性给出分析考核结果，哪怕仅一次的失误都可能打压员工的积极性，长远来看给企业带来的后果难以估量。

管理大数据结合了众多的技术类型和设计层面，因此企业想要利用强大的管理大数据来实现转型和变革，则必须要建立完善的分析基础和应用环境。企业在选用管理大数据之前必须要考虑实施的基础环境是否适宜，以及应用后可能应对的情况和实际效果，并且要经过专业的大数据机构进行全方位分析，只有具有可靠的发展基础才可确保这种优质技术能够完美落实。

2. 信息层面：借助技术手段，全程持续管理

企业通过专业大数据机构进行全方位分析后，搭建数字化管理平台，通过数据收集、数据存储、数据处理、可视化分析等步骤对数据进行处理，采集绩效数据，核算指标实际值或实际完成结果，计算绩效考核得分并评定绩效等级，利用管理大数据进行绩效考核，减少人力成本。其中，绩效数据的采集是连接标准与结果的桥梁，绩效指标如果没有绩效数据的支撑，那么也就无法反映出指标背后的工作价值。因此，建立科学、有效的绩效数据采集渠道和管理制度显得至关重要。在实际工作中，主要采取定量＋定性关键事件进行考核。绩效考核的实操过程就是制定绩效考核指标、确定绩效标准和指标计分方法。

（1）界定绩效指标的定义、计算公式、评价标准等指标要素

绩效数据的采集需要依据绩效指标的定义、计算公式及评定标准等内容，所以只有界定清楚了绩效指标定义、计算公式等要素，

才会知道需要采集什么数据及如何采集数据。因此，明确界定绩效指标的定义、计算公式、评价标准等指标要素是绩效数据采集的基础。

（2）规范每项绩效指标的采集流程、统计口径及数据表单

每项指标背后都有相关业务内容和工作流程，只有规范了绩效指标的采集流程、统计口径和数据表单，才能够保障绩效数据的真实、客观、有效。有些企业在绩效数据统计方面做得非常规范，如编制绩效指标数据统计作业指导书。

（3）明确各部门的数据收集责任，将指标数据采集落实到人

每个部门既是被考核部门，也是绩效数据提供部门，特别是职能管理部门或者是每项业务的归口管理部门。一线员工是数字的源头，负责及时、准确收集原始数据录入数字化系统。基层经理是数据的处理者，负责数据的筛选和加工；中层经理是数据组织者，负责数字的分析、判断和处理；而高层管理者是数据决策者。数字化管理是企业的趋势和未来。

同时，企业需要明确指定每个绩效指标的数据统计岗位，将绩效指标的数据落实到人。

数据统计部门：也称数据来源部门或数据提供部门，是指负责统计或管理该绩效指标数据的单位/部门，一般对该绩效指标具有相应的管理权限或责任义务，对指标数据结果的准确性、真实性等承担主要责任，需要规范指标数据的采集、统计等过程。为体现相互监督、相互独立、公平的原则，数据通常由该绩效指标的第三方管理部门或内外部客户部门提供（该指标的考核结果能够反映出被考核主体对统计部门的工作贡献或服务结果）。如果实在找不到数据

提供部门，数据只能由被考核主体自己提供，那么也需经过稽查无误后才可使用。

数据采集岗位：是指具体负责统计绩效指标数据的岗位，一般对绩效指标具有直接的管理权限或责任义务，对指标数据结果的准确性、真实性等承担直接和主要的责任，需要规范指标数据的采集、统计等过程。该考核结果能够反映出被考核主体对采集岗位或其所在部门的工作贡献或服务结果。

（4）建立绩效指标数据管理办法，进行绩效数据的采集、稽查及管理

实践中，很多平台企业建立绩效指标数据管理办法，对绩效数据进行采集、稽查和管理，都取得了很好的效果。办法中规定了各部门对数据的管理责任，绩效数据的采集流程、方法和规范，绩效数据稽查及奖惩等，对绩效数据作假行为严惩不贷，保证了绩效数据的真实、客观、有效。

（5）完善公司各项业务流程和管理制度，绩效管理系统信息化

严格意义上说，每项指标都应有一个规范的指标管理办法或者可以在某个业务流程或管理制度中找到依据，这样就要求公司不断完善各项业务流程和管理制度。对于新增的绩效指标，如无相应流程和制度予以支撑，应当尽量建立并完善相应的管理规范和表单。

3. 分析层面：机制协同，快速响应

绩效评价、目标设定、执行情况等都会对员工发展造成影响，同时也是构成创新差异的重要因素。创新绩效要避免硬性排名，突出团队合作的能效。在管理制度的制定和执行中，不但需要满足企业的创新要求，还要能充分发掘员工潜能，建立起个人发展与组织

发展的密切联系，从而实现个体潜能开发、创新行为以及创新结果的有机联系。在绩效考核的过程中，要突出公平，做到因人而异、因地制宜，避免绩效考核中出现的竞争力不足和过度竞争问题，要建立良好的沟通机制，通过与员工沟通，对当前的绩效考核体系进行调整和完善，以期实现更科学有效的创新绩效管理评价标准。

4．解析层面：绩效管理的平衡点在于价值创造

数字化绩效管理不应该严格地限制结果，而应该激发员工的内驱力。数据化的绩效考核能够实现更精准的计算，可以满足多角度算法，但是，如果一个员工的招聘、日常评估和离职完全通过数据计算，那么公司的管理将完全依赖冰冷的数字，这显得没有温度。如果数据出现一点偏差，也有可能失之毫厘，谬以千里。因此，数据化的绩效管理实际上并不能完全地解决企业绩效问题，更好的方式应该是平衡绩效与情感需求。因此，推行数字化管理的绩效，企业要有灵活的组织机制、开放的文化氛围。

灵活的组织机制：企业需要调整过去职责界定清晰、业务流程固化的组织管理模式，打破部门墙，弱化管理层级，引入项目组、矩阵式、临时机构、虚拟组织等灵活机动的组织形式。这不仅仅是组织结构上的变化，也是经营团队管理思想和观念上的变化，要能够接受看似杂乱、不循规蹈矩但又有章可循的运营状态。

开放的文化氛围：企业要通过各种方式建立容错的文化，不能容错便难以创新，没有创新谈何挑战，没有挑战，绩效也就失去了意义。这并非易事，尤其是在制造企业中，所有的生产环节都是要有严格执行标准的。企业必须在降低错误率和容错之间寻找平衡和突破。

平台化企业绩效管理强调"自下而上的员工自我驱动"，这与高度量化、强调结果的绩效体系不尽相同。原来的体系也会要求员工

参与制定和讨论过程，但基本前提是必须支撑公司和部门结果的达成，且必须围绕着自身岗位职责。而平台化企业的绩效管理体系更强调员工的自我驱动，强调一定要有部分绩效体系是员工自下而上提出来的。即在公司战略前提下，员工主动思考自己及自己的团队能够做些什么。这种主动思考可以打破职责界限，超越公司现有资源，只要经过共同讨论认定是正确的就可以设定为目标，然后共同思考如何落地。

平台化企业绩效管理体系具备让员工凝聚的功能，能够让每个人朝共同的方向努力，集中力量促进协调合作。在谷歌公司里，每个人都能够看到团队成员的OKR，能够看到大家正在聚焦的工作，大家所做的任务有什么不同。这不仅能够了解从其他同事那里可获得哪些帮助，而且可以通过跟踪大家都已经进行到什么阶段，以明确自我的OKR实现情况，能够保持组织机构的协调顺畅。

"有机"是能够形象描述这一良性循环的一个词。理想的绩效体系是确保每个人所做的事情是企业上下目前最专注的任务，同时确保所有的工作都与目标和关节点紧密连接，而且这些目标和关节点是支持工作发展的，有助于增强信心，你能够看到你并不是孤军奋战，你能看到大家都有着共同的目标。

构建正向绩效，学会做"加法"：从人的需求角度，大多数人都希望自己的工作得到认可。因此，绩效考核不仅要做减法，也要学会做"加法"，要对绩效管理的职能进行重新定位，不仅管理价值存量，还要管理"创新""贡献"等价值增量。

5．强调绩效管理的"绩效提升功能"

平台化企业的管理力求让员工承担更有挑战性的工作，赋予更多的职责和权利，提升职位和给予精神层面的荣誉。同时，有效地管理绩效不佳的员工也同样重要。奖励优秀员工比处罚绩效不佳的员工容易得多。作为管理者，必须正视绩效不良的员工，采取合理有效的措施。绩效管理的绩效目标不是用来考核人的，而是用来提高组织与员工的业绩和效率的。员工的表现是有状态波动的，任何时候都不应该轻易片面地否定人，绩效考核应该永远"对事不对人"。如果要给一个人打绩效分，不应该针对其短期表现打分，而应针对其长期成就给予分数。例如，WhatsApp的联合创始人布莱恩·阿克顿（Brian Acton）在2009年面试Facebook时没有通过，然而5年后，他把自己创办的公司以190亿美元卖给了FaceBook。反过来说，也有很多外资企业的职业经理人在公司里绩效非常好，到了创业公司却表现非常糟糕。这就好比让猴子去游泳，让鱼去爬树一样，企业应该利用数字化业务运营管理系统，根据员工的多元化属性，因地制宜、"千人千面"地综合制定考核目标。

加州大学伯克利分校的政治学教授雷蒙德·沃尔芬格说过："数据就是'逸闻'的复数形式。"换句话说，传统绩效定性考核"拍脑袋"式的单数形式加上数据变成复数形式。企业管理的趋势就是一切以数据为基础。

用数据说话，不针对个人，只为改善绩效，因此更有利于广开言路，听到不同的质疑声。特别是对于那些开会时常三缄其口的人，数据提供了无可厚非的依据，而不至于心有顾忌。在数字化的今天，企业的实验成本降低，失误造成的损失也随之减少，曾经稀缺的信息和计算资源现在非常丰富，数据也具有更大的包容精神，包容一切实验失败结果。数据具有一视同仁的精神，团队中每个人的表现都可以量化为行为数据。数据也具有合作精神，即使牺牲少数人或个人利益，也要争取做出最有利于组织的决策。

如今，企业管理的方方面面都可以量化，这是数字时代最具革命性的里程碑。数字革命之前,管理者大多以主观想法作为决策基础,尤其是绩效管理"拍脑袋"的考核屡见不鲜。而今,数据成为制定决策的主要依据,也是平台化企业绩效管理的革命性成果。平台化管理的颗粒化绩效对团队成员的绩效判断可以无限细分为无数个小的日常工作单元项,及时、多维地通过数字化运营系统来判断绩效表现,并随时做出反馈,有利于团队管理者对成员的贡献做出相对正确的判断和度量,时刻掌握全局印象与整体态势,加强正向绩效。

表5-1对平台化管理创新中颗粒化绩效管理的特点与实施路径进行了梳理。

表 5-1

平台化企业的颗粒化绩效	绩效维度的颗粒化	• 将绩效管理视角从传统的宏观定性观察,深入聚焦到微观领域进行多维解析,而后沉淀丰富的绩效数据 • 将绩效考核的对象从组织延展到个人再到个人行为,所需收集的绩效数据不仅包括组织和个人的绩效结果,还涉及员工个人的工作行为、工作过程和工作结果的影响等 • 沿着业务流程时间轴进行更精密、更全面的信息采集,以及基于模型算法的快速处理和多个体的即时反馈 • 对业务流程与环节的高度细分、全过程绩效数据的采集、绩效指标的甄选与权重分配 • 绩效大数据的积累以及数据算法的构建与检验等大量技术性的绩效信息处理 • 绩效维度颗粒化:按劳付酬和按业绩付酬、按交易量付酬、按交易率付酬、按点击率付酬以及按服务时长付酬
	平台化管理的绩效实施	• 构建数据仓库,沉淀管理大数据,形成数据资源,数据来源主要有三类:①生产经营相关业务数据,②设备物联数据,③外部数据 • 分析数据内在机理,进行数据分类与萃取:注重时效性,避免断续;提高数据质量,满足低容错性 • 通过数据建模进行绩效持续管理:界定绩效指标的定义、计算公式、评价标准等指标要素;规范每项绩效指标的采集流程、统计口径及数据表单;明确各部门的数据收集责任,将指标数据采集落实到人;建立绩效指标数据管理办法,进行绩效数据的采集、稽查及管理;完善公司各项业务流程和管理制度,绩效管理系统信息化 • 构建正向绩效,学会做"加法":强调绩效管理的"绩效提升功能"

第六章

组织柔性化

NEW

MANAGEMENT

IN DIGITAL

ERA

早在人类文明的曙光初现之时，管理就在实践中与我们相伴，只是在过去的百余年里才被视为一项意义深远的学科，得到专业的归纳、总结、探究和发展。纵览这百年，管理的发展进程实际上也是观念不断试错迭代的演进历程。在此过程中，种种理论层出不穷。从1905年法约尔提出行政管理原则，到泰勒的科学管理原理，到马斯洛人类需求层次理论，再到丰田的精益生产，还有通用电气的六西格玛，从管理学的如此变迁中我们不难发现以前适用于工业时代的管理方式也许并不能适应以客户为中心的经营，管理学也在适应商业环境中不断更新迭代。

不同的时代主题下，相应的观念也不尽相同。例如，在商品匮乏的20世纪初，大规模生产和节约时间成本就是理论与实操中的主要命题，能够缩短单位产品的生产时间就可以有效占有更大市场份额。此外，同样的观念在不同的年代也会导致不同的结果。例如，斯隆发明的"事业部制"组织结构是20世纪20年代大型组织分权化的趋势，却在60年代成为组织成长的障碍。又如，"流程再造"这一概念原本是为了改善程序提高效率，却成为低迷时期企业裁人的好借口，就连近十年内兴起的"长尾理论""蓝海战略"以及"共享经济"等新生名词，也并非全都经历住了时间的洗礼。

由此可见，从古至今变革就是一个永恒的主题，不管是潜移默化的社会演变，还是轰轰烈烈的企业战略变革，变革的故事总是不绝于耳。而管理百年的变革历程之所以丰富精彩，是因为凝聚了无数前人的心血和付出。

历史上的几个案例颇具借鉴意义。20世纪七八十年代，美国最大的汽车制造企业——通用汽车和联合汽车故步自封，而日本汽车公司则通过变革管理，将日本制造的汽车打入美国市场，短短的10年间，日本汽车在美国轿车市场的占有率迅速上升到30%。另外，在20世纪90年代，当传统的手表品牌在渠道下沉的时候，瑞士的斯沃琪集团在保留原有欧米茄、浪琴这些欧洲经典手表品牌的同时，在美国和亚洲新兴市场推出时尚型斯沃琪手表，迅速提高了瑞士手表在新兴市场的占有率，同时通过变革管理不断开拓市场，成为品牌形象高于日本卡西欧手表的全球知名时尚品牌，挤压了日本电子手表的市场空间。这两个经典案例都说明了变革的必要性与重要意义。

中国的企业经历过经济周期、时代变迁、行业整合仍屹立不倒的，可谓寥寥无几。过去30余年，中国凭借人口红利和全球化，经济经历了持续的上升周期，孕育出一批走向世界商业舞台的优秀企业。因为处在强经济周期，导致中国企业家更重视新商业模式、新战略、新机会和新观念，更注重外向型的扩张和布局，更愿意捕捉技术"风口"而忽略管理的作用。随着中国经济增速放缓，部分产能过剩，一些行业进入白热化竞争时，资源型、机会型和扩张型驱动模式已经不能有效保障企业的高速增长。在企业人力成本和经营成本不断增加的情况下，企业应该向管理要效率、要效益。管理将成为中国企业保持高速发展的核心动力。

一

传统组织结构之思

组织凝聚在一起体现的是协调的力量，组织结构的发展无疑也是以管理学的发展为基础的。在过去百年中,以下几种模式堪称代表。

1. 职能型组织结构

这种组织结构的目的是培养专业化职能,每一位管理者对其直接下属有直接职权,组织中的每一个人只能向一位直接上级报告;管理者在其管辖的范围内,有绝对、完整的职权。优点是结构简单,且责任与职权明确;缺点是过于集权以及跨部门协调性差。具体如图 6-1 所示。

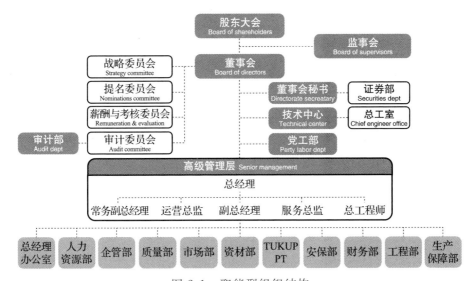

图 6-1 职能型组织结构

2. 分布型组织结构

20 世纪 20 年代,美国通用汽车公司以**事业部制**的形式对原有组织进行了改造,使公司的整顿和发展获得了很大成功。

这是为满足企业规模扩大和多样化经营对组织机构的要求而产生的一种组织结构形式,适用于产业多元化、品种多样化的市场,可灵活自主地适应新情况，所以既具备高度的稳定性，又不乏良好的适应性。自负盈亏的机制能使各事业部发挥经营管理的积极性和创造性，最大限度地激发每个个体的奋斗意愿。

分布型的主要缺点有两个：首先，各事业部利益的独立容易滋长本位主义，争夺资源；其次，这种制度在一定程度上会因为重复的职能部门设置而增加费用开支。分布型组织结构如图 6-2 所示。

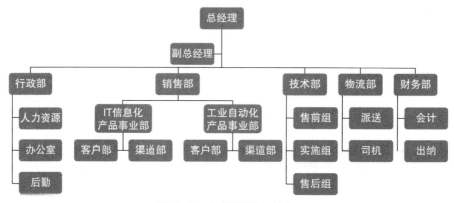

图 6-2　分布型组织结构

3. 矩阵型组织结构

矩阵型组织结构希望克服以上两种结构的不足，将按职能划分的部门与按产品（或业务、项目、服务等）划分的部门结合起来组成一个矩阵，使同一个员工既同原职能部门保持组织与专业的联系，又参加业务和项目小组的工作，双向汇报，甚至多头汇报。具体如图 6-3 所示。

矩阵型组织结构是针对不确定的动态环境设计的结构，既有职能划分的垂直领导系统，又有按项目划分的横向领导系统，可以更快更好地对外界做出反应。但矩阵型组织结构的组织稳定性不足，多头管理，管理者之间的权力斗争，有时会让员工无所适从，要花费较多精力进行协调。

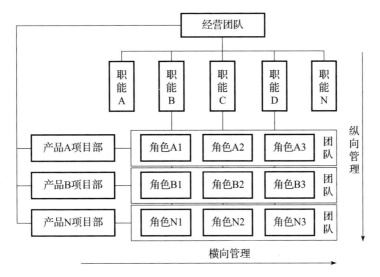

图 6-3　矩阵型组织结构

4．网络型组织结构

网络型组织结构是目前正流行的一种新形式的组织设计，它使管理当局对于新技术、时尚，或者低成本竞争具有更好的适应度和应变能力。网络结构是一种很小的中心组织，依靠其他组织以合同为基础进行制造、分销、营销或其他关键业务的经营活动，其核心不再是物理的集团总部式办公中心，而是以任务为导向呈网络状向外辐射。如此一来，组织便可不再受到传统的边界桎梏，最大限度地实现经济与社会价值。网络型组织结构如图 6-4 所示。

毫无疑问，网络化制度具有高度灵活性，让个人的技能得到更充分的发挥，企业也再无资源单一、人才难觅之虞。网络型的组织结构的缺点在于易受外界市场的影响随时波动；此外，与内部控制相比，企业对于外包商的控制也不够有力，难以支撑自上而下的强有力管理。

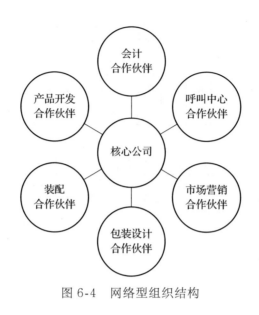

图 6-4 网络型组织结构

二

柔性化组织结构的特点

传统企业的组织结构都是"一个萝卜一个坑",层级鲜明,流程重重,个人分工一目了然,只需在组织结构图表里选出正确的格子就算大功告成,做什么事、找什么人跃然眼前。然而,数字时代里"混乱"才是平台化企业的常态,如果一个企业人员与职位之间还是"一个萝卜一个坑",说明该企业大概率已被形式和结构束缚住了手脚。因此,对于未来的企业而言,适度的混乱绝非可怕的标志,只有当其处于混乱状态的时候,快速迭代和自我新陈代谢才有可能,所有的人都想尽办法突围,我们不再吝啬花时间去了解他人的创新想法,不再吝啬耐心去了解成员的争议,不再吝啬花精力去关心项目进展的细节。不过值得注意的是,表面看起来的混乱并非混沌的杂乱,其背后是以强大的数字化管理系统为坚实后盾的。企业管理在数字时代,不再是传统依靠组织结构的粗放式管理,而是进入微粒化的微观管理。

因此，平台化管理的组织设计要兼顾分立与统合、敏捷与稳健、科技与情感等矛盾的统合。

1. 分立与统合

数字时代，为了适应瞬息万变的商业环境，紧跟数字技术的极速变革，满足经营业绩与扩张的需求，企业总是需要在分立与统合间找到最佳的均衡点。企业的组织架构变得更加柔性，以适应快速变化的环境。这种分立与统合不止于公司总部与各分子公司及事业部之间，还涉及部门与部门之间，以及各独立的分子和原子之间。

以公司整体的拆与合为例，20 世纪 80 年代，人们主要关心的问题是经营业绩。运营不良的资产被重组或是卖掉。组织分拆的浪潮席卷时代，经营者将整合的企业分拆成各个不同的专业化部分，并卖给各相关行业。然而，近些年来的形势却不尽相同。投资者仍然期望公司的良好表现和高回报率，同时也期待企业的规模扩张以及全面发展。于是，整合者迅速将协同效果作为目标，努力经营规模巨大、战略多元化的综合集团和巨头企业。

尤其是在如今追求扁平化、自由化的环境下，该如何才能实现集中与灵活、经营业绩与持续扩张这些相互制约的目标呢？一个很好的解决途径就是打破旧有组织，以众包或分包的形式先拆分后整合，来重新构建新型组织。

数字技术让企业管理从宏观逐渐走向微观。数字化管理系统利用大数据和深度学习等技术，根据项目、工作、岗位或每个人的历史不同绩效表现进行微粒化分拆，结合市场需求、用户反馈等数据信息，计算出每个项目、每个岗位或者每个部门最少团队人数、浮动参与人数以及外包专家人数等，企业可以根据系统分析结果，调取内部人力资源和整合外部人力资源。根据数据建模分析，组织结构可以用保持稳定性的最小单位来构建，其他的工作、任务或者工作岗位可以作为浮动结构，根据需要随时调用社会资源。例如北美销售汽车的各大车行4S店中有固定销售人员，这是保证车行最基础销量的销售人员数量。在销售的高峰期，如3～8月，车行会根据历史时期的销售表现增加销售人员。这些新增的人员并不隶属于车行，而是自由职业者。有的是助理教授，趁学校放假来体验生活；有的是家庭主妇，趁孩子上学来这里做些时间自由的工作；有的是学生，趁夏天来打工赚些学费；有的是铲雪工人，因季节变化而调整工作时间等。无疑，数字化就业平台的发展促进了人力资源众包的发展，以亚马逊土耳其机器人为先驱的各大就业平台，为企业实现微观管理奠定了坚实的基础。企业不再需要雇用非必要性员工，而是根据需要在全球化平台上调用所需人才，降低运营成本。

◀ 案例阅读：物流行业的众包 ▶

众包物流意指将原来由专职快递员所做的工作交给大众来做。只要个体有闲暇和余力，在空闲的时间里就可参与配送，成为整个流程的一部分要素。生活服务商家在众包物流平台下单后，平台上注册的配送员抢单，或者由平台派单后进行配送，并按单获得酬劳。

这种形式的优势十分明显。首先是固定成本降低，兼职员工大大降低了企业的人力资源成本。

其次是速度快且效率高。在物流众包的物流模式下，物流企业分布全国各地，能够提供附近的人员上门取货和送货到家的门到门服务，大大减少了取件派件的时间。除此之外，物流众包模式有利于有效地利用社会上的闲置资源。可以说，众包物流是到目前为止帮助传统物流跳出配送陷阱的最佳途径。

此外，不同部门间与各个个体间的分拆与统合也是一种灵活管理、提高效率的模式，通常以项目为单位，每个项目组形成时需要不同部门的人手加入，而结束后回到原先的组织里，等到下次按需集结。典型的例子如德勤等国际著名审计公司——它们每接到一个新客户都会产生一个对此负责的项目小组，由项目负责人牵头，而组织结构的搭建、组成人员的产生、每人具体的职责、团队间的配合与淘汰机制都按照实际需求灵活操作。这种打破部门隔阂、释放个人才能、时刻警醒团队与个人不可松懈的机制就是分立与统合形式的一大益处。

2. 敏捷与稳健

另一组有趣的对立是敏捷与稳健。一个优秀的平台化组织需要来自两个方面的坚实支撑，既要有高度稳定的平台、完善的结构和流程，也要具备快速行动和应变的能力。首先是敏捷性，互联网企业或是创业公司有很多值得学习的地方，比如把组织打散，组成很多个创业小团队，不仅内部有竞争，相互之间也有良性的竞争，一切以价值创造力和客户需求为导向。创业团队的成效在组织内部很快就能反映出来。同时，创业的小团队还能得到组织足够的授权和资源支持。

但灵活并不是构建敏捷组织的全部，尤其对大企业来说。大企业同样需要强调稳定性，但这个稳定并不是指传统意义上的员工终老退休、人员不流动，更多的是指组织搭建了一个比较稳定的大中台或后台。它能够减少风险，整体把控，不仅体现规模效应，而且不断为各板块赋能。

3. 科技与情感

科技与情感的对立和交融在现今企业中同样遍布。

科技为企业管理带来的革新之势是不可抗拒的。如今日新月异的科学化管理的确可以在众多方面帮助企业实现现代化、体系化、规范化和全球化。但长久以来国人习惯感情用事和情感管理，这种情感化管理的核心是注重员工的内心世界，根据情感的可塑性、倾向性和稳定性等特征实施管理，核心是激发个体的积极性，充分发挥情感在管理中的效能，遵循信任、尊重、关心的原则，充分开发被管理者的潜能。

科技与情感的关系绝不是硬币的两面永不交融。电影《超能陆战队》中的虚拟人物"大白"，因其对人体贴入微、关怀备至，成为广受喜爱的"守护型暖男"，而《云端情人》中的人工智能系统"萨曼莎"的温柔体贴驱走男主的孤独寂寞。这两个角色都体现了科技本身虽然是冷的，但是如果能够让人感受到温暖，那么它也是有温度的。

随着人工智能在管理中的广泛应用，监督、管理和控制等传统管理者的职责正在移交给人工智能去完成。比如，钉钉系统会帮助管理者提醒执行人任务到期，提醒与会人员会议时间，提醒出差的日程等。然而，系统本身没有温度，我们不希望工作陷入机械化流程和机器化管理。管理者应该更注重赋予情感，营造好的工作氛围，激发个体的自我驱动力，而不是流程化制度的管理。

技术可以提高效率，消除时空隔阂而使管理更加合理、有效、长久，还可以帮助管理者从繁复的事务中解脱出来，有更多的时间和精力贴近和造福员工。总而言之，融入科技的管理给企业带来的优势是高效率和低成本，而人性化的管理给企业带来的是员工的满意度和忠诚度，二者相辅相成，必定能够带来企业稳定发展和基业长青。

三
组织微粒化

企业重组的排头兵永远是组织结构的变革。管理者似乎觉得一旦调整结构，重组就已完成，一切问题也就迎刃而解了。企业永远都是在各种组织结构之间不断循环，集权制企业忙着权力下放，抑或是按职能划分的架构忙着改成事业部。但是管理者逐渐意识到企业的问题没有得到改善，于是又一轮重组开始。

企业的组织结构设计绝非易事，一劳永逸的答案永远不可能存在，最好的解决方案就是将头脑中先入为主的组织结构格式化，并遵循关键原则：组织结构保持扁平，让更多的人平起平坐，有利于所有人多干实事，提高与管理者和决策者之间的沟通频率和深度。企业结构趋于扁平后，管理层的监督和控制减少，其他直接工作增加，赋予员工更多自由。

1. 组织微粒化之路：实现柔性化

在企业的发展过程中，市场、技术和人才三个领域的快速变化是驱动柔性化组织结构形成的重要因素。市场层面上，用户需求正在发生快速变化，个性化消费兴起，市场层面的不确定性与日俱增。此外，用户希望通过市场满足一揽子多元化的需求，而不仅是寻求单个需求的满足。共享经济的发展改变了传统消费者和供给者的划分，改变了满足需求的方式。总体来看，供需双方的信息不对称逐渐减弱，用户的需求变化会促使供给者经营方式的改变。

技术层面上，新技术也深深改变着组织的运行方式。首先，新技术及其应用不断降低交易成本；其次，技术为大数据、深度学习等奠定了基础，为实现以数据驱动商业模式变革提供了可能；最后，以云计算为代表的开放式架构技术也使得共享和协作更加便利。

而在人才层面上，新一代人才的特点也在促使组织形态发生变化。年轻的他们倾向于在组织中实现个人的最大价值；在对老板的期待上往往希望其扮演"辅导者"，在充分放权的前提下给予指导。"80后""90后"日益成为员工队伍的主力后，这种伴随发生的组织形态变革将愈发明显。可以看到的是，像阿里或华为这样的巨型企业，都针对人才层面的趋势做出了积极的应对。

综合上述因素，变革的步伐刻不容缓。

变革的方式有两种典型——**激进式变革**和**渐进式变革**。顾名思义，激进式变革力求在短时间内对企业组织进行大幅度的全面调整，以求彻底打破目前的组织模式，并迅速建立目标的组织模式。渐进式变革则是通过对组织进行小幅度的局部调整，力求通过一个渐进的过程，实现从目前的组织模式向目标的组织模式的转变。

在比较二者孰优孰劣时，变革的结果无疑是最为核心的指标。毕竟变革是手段而非目的，提高效能和产出才是最终希冀。在变革的过程中，关键是建立新的经营目标、市场定位以及激励约束机制等。如果只是打破原有组织的稳定性，却未能尽快建立新的目标，组织将走向混乱、衰败甚至毁灭。

通常来说，激进的变革适用以下三方面：第一，变革幅度大，如转变经营目标，从传统工业转向IT互联网行业，从B2B转向B2C，从稳定的企业文化转向激进的企业文化，从四个业务模块转为15个业务模块等。第二，变革的时间短，企业里激进式变革的时间有一个明确的近期节点，这个节点往往是以天、月、季最多以一年为论，而不是几年或者几十年。第三，变革牵涉的企业影响面大，这个影响面指的是按照公司最重视的经营目标而论，不仅仅是影响到这个企业目标的百分之一或二，而应当达到百分之一二十甚至更多。当然，影响面可以在整个企业层面估计，也可以在特定的业务模块里估计。

与激进式的变革不同，渐进式变革则是通过局部的修补和调整来实现。这种方式的变革对组织产生的震动较小，而且可以经常性地、局部地进行调整，直至达到目的。这种变革方式的不利之处在于容易产生路径依赖，导致企业组织长期不能摆脱旧机制的束缚。

管理理论诞生于百多年前，当时的试验成本高，失误代价大，因而管理者的首要目标就是降低成本。而且，信息的传递自下而上，只有企业最高层的管理者才能掌握全面的信息，只有掌握大量信息的少数总裁级人物才有权制定决策，决策是由上而下传达的。这种传统的"指挥与控制"式企业结构旨在有效地减缓速度。但是，步入数字时代，企业必须一直保持加速时，这种结构就会失灵，阻碍企业发展。

数字时代，企业重组势在必行，要留意不同团队的不同倾向，做出适当的权衡，尽量把重组工作以最快的速度完成。重组的关键，贵在神速，要速战速决，要在重组方案敲定前就开始实施。我们必须记住完美的组织结构是不存在的，不必枉费心机去苦心设计，只需尽力做出最合适的设计，剩下的交给有影响力的人去完成吧。

我们要以组织中最有影响力的人为中心，但是如何找出组织中最有影响力的人？不要把岗位和经验作为选择的标尺，要以工作表现和工作热情来衡量。热情是卓越领导者与生俱来的特质，热情就像磁铁吸引铁屑一般把人们聚集在自己身边。只要我们仔细观察，那些与生俱来的领导者会自动浮出水面。因为所有人遇到问题，会自然而然地向这些人请教，而他们也会不吝赐教，他们即便自己不主动请缨，也会被别人推到领导位子上。拥有头衔和职位只能成为管理者，要成为领导者需要员工和团队成员的支持。卓越的领导者不会将一己之力置于企业整体利益之上。一旦找出最有影响力的人，就应当赋予他们重任，把担子交到最出色的员工手里时，他们会乐于承担，达到他们极限时会如实相告。

2. 柔性化组织结构的形式

柔性化组织变革的内涵是当下大势所趋，不仅内涵丰富，而且意义非凡。它既可以被视为打破传统的市场运作规则，集各方资源而成的新型商业模式，又可看作是优化内部管理，激发员工创造力的组织模式，还可以作为新业务探索的方向，围绕既有数据促进产业链向运营阶段延伸。

这种以"大平台＋小前端＋富生态＋共治理"为原型建立的新型组织形态，能够在最大程度上适应日新月异的商业环境，在快速创新的同时实现健康发展。

（1）"大平台＋小前端"模式

一直以来，以知识经济为核心的咨询行业是采用柔性化组织结构的代表，在互联网公司尚未迅猛发展之前，以波士顿咨询公司命名的"BCG业务模式"实际上就在以平台化的模式运营。

BCG的高管说："我们的每个项目都有一个小的前端，背后有一个大平台作支撑。平台上既包括BCG全球的专家，也包括分布于全球的本地团队成员,他们可以为各个小前端提供支持。在开展项目时,我们需要在全球范围内快速找到合适的专家,积累过往案例,并在短时间内把这些人员、资源聚集起来。随着科技发展,这些工作得以高效开展,比如我们能够从内部知识管理系统、内部顶尖人才管理系统中快速找到需要的资源支持。而之所以进行这种平台化的作业,是与本身的业务模式直接相关的。"㊀

具体来说,"大平台"指的是为前端产品提供快速设计方法和系统性后端服务而诞生的系统化操作流程和统一化的产品服务,而"小前端"则是灵活多变的一线业务人员,他们在工作中强调的是快速反应与灵活应对。

◀ 案例阅读:韩都衣舍的组织结构 ▶

著名的服装公司韩都衣舍就是这种柔性化组织结构的经典代表,它的组织结构正是"大平台+小前端"的典型组合。韩都衣舍在前端有300个左右的产品小组,而在中后台则建立七个支撑体系。在日常运作中,产品小组将得到来自七个支撑体系的赋能。这些产品小组通常由三个不同职能部门的员工组成,后方的职能体系为前端的三人小团队输送资源与服务。特别需要强调的是,大平台是赋能的大平台,前端是敏捷的小前端,在这些支撑体系内部也有激烈的市场竞争机制,三人的小团队可以根据排名去选择最优的后台赋能体系。

这种模式能够在韩都衣舍运作成功,与创新的实验成本和回报的价值大小有关。首先,服装新品开发的实验成本

㊀ HROOT编辑部. 未来已来,平台化组织混沌初开! ——专访波士顿咨询公司全球合伙人兼董事总经理阮芳女士[J]. 人力资本管理,2017(5).

较低,韩都衣舍内部300多个小团队推出来的新品总会有成功的个案,通过快速贴近客户需求推出新产品,根据客户需求与反应,有针对性地进行生产;同时实验成功取得的价值回报很高,韩都衣舍的爆款产品销量非常高。因此,韩都衣舍适合实验型的柔性化组织结构形式,随时产生新品。但是如果换成其他行业的企业,如果客户数量不多,新品研发的实验成本较高,在不具备成本、效率以及规模优势的前提下,不太适合进行实验型柔性化组织结构的实验。因而,这种模式虽然富有价值,但企业也应该结合自身情况,理性决定改革方向。

(2)"强中台"模式

前述"大平台+小前端"的模式在过去大多是靠人与机制的协调,在前端数目变多,同时呼唤后方炮火支援的情况下,大后台的有限资源如何适当分配?分配给谁?这种分配常常因组织内人为决策拖沓而导致旷日费事,也容易受到组织内亲疏好恶关系的影响,而没有把资源用在刀口上,损害公司整体利益。加上后端服务平台对于前端业务不了解,信息不通畅,导致前后端存在交流与支持的鸿沟。

"中台思想"简言之就是帮助建立小前台与大后台之间强有力的联结。如果以美军陆战队的作战模式类比,中台指的是前置作战区的指挥中心或航空母舰,中台汇集前端收集来的敌情,并且为前线作战单位提供炮火支援。美军在第二次世界大战时期,以军为单位作战;越战时变成以营为单位作战;中东战争时期进化为7人或11人的陆战队极小班排作战。而之所以能够将前线作战单位小型化,让"小前端"如此灵活,是因为发展了强大的中台能力,给前端军队提供各种资源支持。

在零售行业的组织架构下,企业应围绕以客户为中心,划分为前中后台。其中**前台**指离客户最近,最理解和洞察客户需求与行为,最终实现和提升客户价值的职能,如导购员、天猫运营团队、自媒体推广编辑。其核心能力是对市场和客户行为深刻洞察,服务客户的产品创新和精细化运营。**中台**指为前台业务运营和创新提供专业能力的共享平台职能,是一个共享数据库、数据产品、SaaS工具及API接口等,其核心能力是专业化、系统化、组件化、开放化。而**后台**则指为整个商城提供基础设施建设、服务支持与风险管控的职能,如人力资源、财务、法务等,其核心能力是专业化、服务意识与能力。具体如图6-5所示。

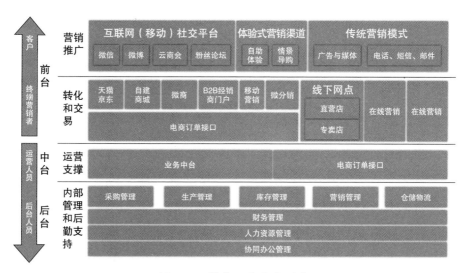

图6-5 前台、中台和后台

例如在蓬勃发展的新零售领域,以大数据驱动"人—货—场"的重构,利用数据中台来统合、分析会员、商品、供应链、卖场等各种维度的数据,然后利用业务中台提供工作人员更专业化的引导及升级。阿里巴巴入股后的银泰百货,正在进行中台建设的试验。

在会员管理上,通过多门店、线上线下互通,实现全渠道会员数据统一管理;在商品管理上,通过进销存一体化、订单智能分配等功能,让门店共享商品信息;在商城运营上,通过客流分析、客群路线分析,洞察消费需求与行为,实现运营数字化,形成完整的数字化转型,助力线上线下深度融合,实现智慧零售的新格局。由此可见,促进"大平台"与"小前端"之间的无缝连接,还需要以数字化的中台为基础。

(3) 中台思想的解析

中台是联结大后台与小前端直接有力的枢纽,且拥有一定程度上的话语权和决策权。中台可以保证业务本身的灵活性,服务能力可以随着资源的横向扩展而扩展,解决业务响应慢、决策瓶颈等问题。可以说,这种制度真正让富生态和共治理成为可能。

(4) 中台的多重解法

实现中台有不同的方法和实施路径,但可以总结出类似的目标和价值。首先是赋予业务快速创新和试错能力,其次是打造数字化运营能力,此外还有改变组织阵型,帮助实现组织效能的提升。那么是否只有足够庞大的组织才需要中台思想呢?

其实并不尽然,举个例子加以说明。淘宝曾经使用近百人几个月的浴血奋战做出了统一的 CRM 客户管理系统,但大部分商家并不买账,因为百万商家属于不同行业,规模也有很大差异,难以靠一套系统解决。后来,淘宝通过开放生态建设,把消费者服务、商家 IT 服务、商家运营服务做了分类,依托 15 万家 ISV 服务商提供个性化的数字化升级服务,来满足几百万家淘宝商家的不同需求。淘宝通过开放赋予不同业务、不同商家业务创新的机会,同时通过一系列运营服务（比如数据分析工具）促进了小商家业务量的变化，这是运营赋能业务的体现。

（5）"富生态+共治理"模式

在互联网领域，生态圈就是实现产业链的上下游互通，形成一个高效的商业体系。比如阿里巴巴的"生态圈"里，上层有淘宝C2C、天猫B2C，还有1688的B2B业务等商业形式，中层收付款方面有支付宝的对接，物流方面有菜鸟驿站物流体系，底层有阿里投资和小微银行等，实现资金的管理和增值。如此便大大降低风险，实现真正的可控可预期。在国内的知名企业中，这种制度成功的故事也不在少数。

◀ 案例阅读：小米公司的生态圈㊀ ▶

发家于传统手机行业的小米通过投资和管理，建立了由200多家企业组成的生态圈。从产品端来看，小米的生态圈是一个以手机硬件为核心，辅以生活、娱乐、家具、智慧等层出不穷的产品，能够长期持续地渗透用户生活的活跃生态体系。事实上，小米的生态链布局早在2013年就开始了，这时距小米的成立不过才短短三年的时间。到了2015年，生态链产业已然发展出了相当大的规模，2017年12月，小米平台上的联网设备数量已经超过了8500万，覆盖800种产品和超过400家合作伙伴。大到电视、空调、代步器，小到移动电源、手环，小米提供的智能设备已经覆盖生活的各个角落。

㊀ 案例改写自国立波、韦婉、王丹丹发表于《投中研究院》的《小米及其生态圈投融资报告》。

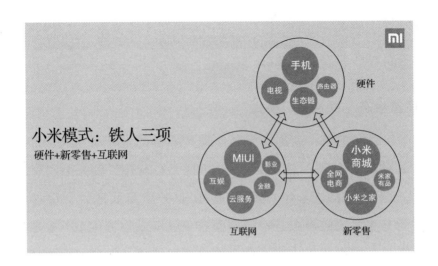

小米模式：铁人三项
硬件+新零售+互联网

小米本身是具有持续活性和热度的品牌，经过数年的发展，小米公司积累了庞大的用户群，他们具有相似的价值观，具备持续消费的能力，这些对于后续产品的宣传与营销都颇有效益。此外，小米的供应链能力强，能够自建并打通线上线下渠道，线上有小米商城和米家 App 等产品，线下有小米之家这样的实体消费场景，丰富了消费与体验的方式和场景。

可以说，就是这样的"富生态"使得小米公司从手机等少数单品的"驱逐舰"，变成拥有一大堆周边产品拱卫的"航母舰队"，逐步构建出一条对手们难以逾越的"护城河"。而从大局来看，在小米公司投资的 77 家智能硬件生态链公司中，其中 30 家已发布产品，16 家年收入过亿元，3 家年收入过 10 亿元，4 家已然成长为估值过 10 亿美元的独角兽。

其实，任何企业都处在不同的生态圈中，然而并非每个业态都繁荣共盛。其原因在于，在富生态下的共治理中，只有互惠机制才可以保证生态圈的平衡与稳定发展。生态圈的企业不仅仅参与创造价值的过程，也应该享有合理的价值分配，只有参与者能够所"劳"

有所获，大家共享利益成果，才能达到多方共赢。

◀ 案例阅读：中国家居安全共治联盟的成立 ▶

2018年7月，为促进家居流通行业健康发展，营造良好的营商环境与行业生态，中国家居业商会举行了"全国工商联家具装饰业商会　家居流通平台健康发展促进委员会"成立大会。

来自全国各地的40多家家居流通平台企业、500余家卖场的代表，作为发起单位出席大会。会议中，参与联盟的各单位共同表示，"家促会"旨在促进家居流通业健康发展，促进平台企业自律规范，反对不正当竞争，促进会员企业在诸多方面实现资源共享、协同发展与合作共赢。更有行业内领军企业发布了《致合伙人的一封家书》，继续要求合伙人从自己做起，全面规范服务体系和销售行为，全力配合共治联盟行动。⊖

维护任何一个行业联盟的秩序都非易事，打假防伪，任重道远，道阻且长，绝不是一朝一夕之事，中国家居安全共治联盟的成立就是前进路上的重要一步，对于其他行业的发展颇具借鉴意义。

3. 传统企业的平台化转型路径

任何组织形态绝不可能只是依靠机构的设置直接完成，机构设置背后的机制是保证其正常运转的润滑剂和助推剂。因此，基于柔性化组织结构的基本特征，传统企业需要在转型中逐步建立相应的

⊖ 腾讯家居. 刚刚，2018中国家居业大事件发生！[EB/OL]. (2018-07-13) [2019-07-01]. http://www.jia360.com/new/67191.html.

运行机制，从而保证体系的有效运行。

首先，需要建立起授权和协调机制，充分保证前端的自主性与独立性。管理层往往会设立组织的总体目标，而不设立具体的业务发展方向和业务流程。中层在组织架构中，协助调整组织运行，更好地贯彻管理层意志。具体业务由前端来发展和推进。而前端与平台的关系需要由内部治理模式来确认，这一内部治理模式通常被波士顿咨询公司总结为"财务赞助"模型。

其次，企业内部需要在平台上构建风险投资委员会，将资源快速传递给前端。委员会要进行项目评价与资金支持，评价和支持的标准则是前端获取的市场反馈，以此进行前端的绩效评估，为资源的有效配置提供必要条件。

最后，企业需要在平台上建立模块化资源自由市场。这意味着平台资源能够自由匹配，而依据就是前端业务获取的市场反响。通过对市场反响的评估，平台上模块化的资源能够向市场前景更好的业务倾斜，保证资源投入的回报成绩不断优化。

要实现上述机制，需要内部的直接沟通机制，确保前端人员寻找到合适的支持与协作人员。前端完成任何业务都需要快速调用平台资源，这要求前端的需求能够迅速找到接口，并且快速建立资源通道。这就是大量组织开始推行如"钉钉"或"企业微信"等即时办公软件的原因。

在激发个体的主观能动性上，企业需要依靠基于市场表现的评价体系，使得个体的努力方向与组织的发展方向相互协同。绩效与市场表现结合，更是提升了前端、个人进行市场试验的效率，促使人才为了更好的市场表现而创新。

业务的多元化会因其业务范围在周边形成多元的生态体系，涉及越来越多的利益相关方。多元生态体系中会出现更多难以由单边解决的问题。因此，需要采取多边治理举措以确保内部运作和生态系统的顺畅并行。

平台化自建团队的管理制度

值得一提的是一种行之有效的平台化自建团队的制度。在此制度下，首先需要形成记录每位参会成员发言及投票行为的机制，依据所属部门、过往经验和成就累积，组织中每个成员的每次发言和投票都被数字化工具记录和分析，可以借助"钉钉"等系统工具，由此决定他们在今后决策中表决权的不同分量。简单地说，一个发言中肯、见解深刻、工作积极的员工，无疑应该拥有比普通员工更多的话语权。

作为项目的负责人，既要负责制定目标、控制成本以及把控方向，也要负责验收成果，同时肩负统筹内外部资源的重任。

而项目经理负责推进项目的执行，如组织召集、主持会议等工作，还要根据项目的任务属性和团队的个人能力拆解并分发任务，并且监督进度。

对于企业总裁或总经理来说，他不必出席所有会议，凭借平台中的会议记录和项目领导的汇报就可及时掌握情况，不用过多参与项目会与虚拟组织的协调过程，只需在管理中花费一些精力设定并且完善科学合理的机制。

对于一个平台化自建团队，这种对于不同层级、不同岗位的人委以不同任务和责任的管理制度无疑十分行之有效。

传统企业迈向平台化有三种途径：

首先是自建生态，即以己为主，聚拢多方，从实际出发，建立自我核心的泛行业生态系统，形成**有序连接**。优秀的案例有海尔公司，原先"人单合一"采取的双赢模式，张瑞敏对此的比喻是，我们的组织架构像陀螺一样不断运转，每个小前端都是一个新的利益点。而在如今讲求"人人创客"的网络时代,原来的"人单合一"模式变成了"共创共赢",鼓励员工在平台上创业,一开始还有固定的工资,如果发展顺利,可以成为企业正式的法人,可以做跟海尔相关的生意,也可以做不相关的。这种生态如同一个孵化器,孕育并辅助了很多小微企业。

其次是参与生态,意味着单个的企业以要素的形态融入其他生态,形成**匹配连接**,通过参与提升自身与平台价值。这时的企业已不再是封闭个体,而要与周围的生态发生深层互动。例如,一家建筑设计公司一年只设计七个酒店,却发展得十分健康,它的核心要素是设计,延展的要素是能够实时与客户及客户所在的上下游互动,协调各方面资源,让客户省心又放心,同时实现价值的最大化。具体如图6-6所示。

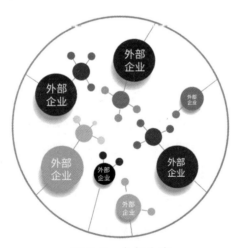

图6-6 参与生态

最后,也是最重要的途径是**共享生态**,意指企业以底层技术与大数据化为支撑,建立非营利及提升效率的开放共享平台,形成**自由连接**,容纳众多同行或异业企业,通过价值流通实现自身与平台的升维。例如,谷歌公司开源的Android底层技术和免费开发的数据平台就可以让全世界无数 App 的开发和应用成为可能。具体如图 6-7 所示。

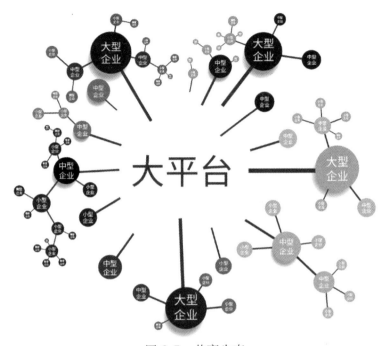

图 6-7　共享生态

平台化改造涉及内部各管理体系的重构、业务模式及流程改变、风险控制、文化建设等一系列内容，应做好变革的充分准备。在日常业务开展中，企业家往往都会很兴奋，甚至只凭模糊观感兴冲冲地就试法操作，结果却并不尽如人意，有些甚至还因用力过猛而产生负面效应。

因此，必须提醒的是，任何企业都不能高估自身成为平台的能力及平台的战略成效，更不能低估平台改造的实际难度及时间周期。整合大量零散业务进入平台，各项业务群龙无首，都是 60 分水平，弱弱相连反而会削弱整体竞争力。而盲目整合外部力量也会导致领导层对于各经营主体缺乏管控，无法形成有效的价值体系，既形不成对各经营主体的有效引力，也难以掌控局面，最后反而导致组织结构的分崩离析。

平台搭建后工作模式没有改变，领导人和核心高管的工作重心仍维持原有模式，进而导致各总部部门迟迟进入不了状态，影响了落地效果。此外，平台的收益方式模糊，仍存在显性或深层次的博弈，根本问题是未完成平台战略的系统思考。

虽说柔性化组织结构的改革之路很漫长，但其影响无疑是深远的。在内部管理上，柔性化组织结构的运营模式对人力资源管理、领导层职能和企业文化提出了新的课题；在外部影响上，柔性化组织结构的社会价值创造和市场环境治理，也给柔性化组织结构的发展提出了重要启示。

在人力资源管理上，组织内部需要建立人才战略与回溯机制，保证人才的发展与企业战略发展步调一致，同时更要实现人才产生的效益随时可以回溯和评价；人才来源要跟随业务发展而逐渐多元化；人才发展要加速，要根据业务现实建立人才发展的快车道。

对于领导层而言，在引领市场趋势并顺势而为的同时要适当分权，因为凭领导的一己之力无法"一切尽在掌握"，适当让员工参与战略发展目标的制定是非常必要的。在体察员工方面，管理层不仅要在员工间设立起共同的发展目标，更要建立卓有成效的沟通体系。管理层要相信，给予员工最好的奖励就是独立自主的权利，这是对员工最大的褒奖；管理层不仅应对摸索和尝试有正面的激励，更要鼓励并容忍适当的冒险，从正反两面为员工提供足够的创新空间。而随着跨界合作越来越频繁，管理层需要扩大领导层的影响力，促进生态间的合作，将组织内部的管理方式在外部生态间适当地传播和应用。

在企业文化领域，则应该建立起"每个员工和团队都能恪尽职守，力争创造良好业绩""与公司战略保持步调一致"的企业文化营造原则，这两点是确保在新组织中营造"高绩效文化"的前提。

在社会价值创造上，柔性化组织结构创造新就业，推动共享经济的发展，推动社会公益的发展，创造新的税源，营造"万众创业、大众创新"的良好氛围；在市场的治理方面，柔性化组织结构为多边治理提供了新的模型和新的方式。柔性化组织结构拥有巨大的潜在社会价值，这就使得各方对柔性化组织结构充满了期待。此外，柔性化组织结构面对的问题也日渐复杂，这就使其在发展过程中要不断尝试新的治理模式。

因而，可以说在崭新的商业环境中，"柔性化组织结构"的实践就是重新思考个体与组织关系的起点。

表 6-1 对平台化管理中企业组织需要柔性化的模式分析与转型之路进行了梳理。

表　6-1

平台化企业组织结构柔性化	组织微粒化，实现柔性化	• 尽量把组织结构重组工作以最快的速度完成 • 重组的关键，贵在神速，要速战速决，要在重组方案敲定前就开始实施 • 必须牢记完美的组织结构是不存在的，不必枉费心机去苦心设计，只需尽力做出最合适的设计 • 以组织中最有影响力的人为中心完成重组：不要把岗位和经验作为选择的标尺，要以工作表现和工作热情来衡量
	柔性化组织结构模式	• 柔性化组织结构是以"大平台＋小前端＋富生态＋共治理"为原型建立的新型组织形态 • "大平台＋小前端"模式："大平台"指的是为前端产品提供快速设计方法和系统性后端服务而诞生的系统化操作流程和统一化的产品服务，而"小前端"则是灵活多变的一线业务人员，他们在工作中强调的是快速反应与灵活应对 • "强中台"模式：前台指离客户最近，最理解和洞察客户需求和行为，最终实现和提升客户价值的职能，其核心能力是对市场和客户行为深刻洞察，服务客户的产品创新和精细化运营；中台指为前台业务运营和创新提供专业能力的共享平台职能，是一个共享数据库、数据产品、SaaS 工具及 API 接口等，其核心能力是专业化、系统化、组件化、开放化；后台指为整个平台提供基础设施建设、服务支持与风险管控的职能，其核心能力是专业化、服务意识与能力 • "富生态＋共治理"模式：实现产业链的上下游互通，形成一个高效的生态体系；建立互惠机制，保证生态圈的平衡与稳定发展；建立合理的价值分配机制，让所有生态伙伴能够所"劳"有所获，共享利益，达到多方共赢

(续)

平台化企业组织结构柔性化	平台化转型之路	• 需要建立起授权和协调机制,充分保证前端的自主性与独立性 • 企业内部需要在平台上构建风险投资委员会,将资源快速传递给前端 • 企业需要在平台上建立模块化资源自由市场 • 自建生态模式:以己为主,聚拢多方,从实际出发,建立自我核心的泛行业生态系统,形成有序连接 • 参与生态模式:单个的企业以要素的形态融入其他生态,形成匹配连接,通过参与提升自身与平台价值。企业已不再是封闭个体,而要与周围的生态发生深层互动 • 共享生态模式:企业以底层技术与大数据化为支撑,建立非营利及提升效率的开放共享平台,形成自由连接,容纳众多同行或异业企业,通过价值流通实现自身与平台的升维

第七章

文化利他化

NEW

MANAGEMENT

IN DIGITAL

ERA

一
企业文化的基本定义

企业文化是组织中隐性的人际规则，持续而广泛地塑造员工的态度和行为。企业文化使得员工在组织氛围里清楚地领悟到文化规范界定什么行为是被鼓励的，什么行为是不被鼓励的，什么态度是被接受的，什么态度是被排斥的。企业文化如果与组织的发展目标、个人的价值观、动机和需求相辅相成，将释放巨大的能量，帮助组织构建强劲的增长驱动力。

企业文化有**共有、广泛、持久和隐含**四大特征。㊀**共有**是指企业文化是一种群体现象，不会单独存在于个体，也不是个体的平均特质，企业文化根植于共同的行为、价值观和观念。**广泛**是指企业文化的影响力范围非常广泛，渗透到组织的各个层级和各个角落，覆盖所有人员，甚至被视为组织本身。企业文化体现在集体行为、组织习惯、传统传承和物理环境等方面。企业文化定义了组织的行为逻辑，是隐藏在集体思维方式、行为动机和隐形观念中的共识。**持久**是指企业文化长期引导组织的思想和行为。企业文化在集体工作和学习中逐渐形成，然后不断自我强化，越来越难以被影响和改变。企业文化的强化过程，即人们起初被与自身特质相近的组织所吸引，然后组织选择能够融入的个体，无法融入的个体逐渐离开。

㊀ 鲍里斯·格罗伊斯伯格，杰里米·李，等. 领导者的企业文化指南[J]. 王晨，译. 哈佛商业评论（中文版），2018（1）.

隐含是指企业文化是一种微妙的氛围，只能靠直觉去感知它的存在，只能意会而难以言传。

"磨炼灵魂，就会产生利他之心。"——稻盛和夫

企业文化与战略是领导者手中的两个重要工具；战略明确企业的发展目标，企业文化则是从愿景、使命、价值观和信念的角度描述企业的长期目标，并通过集体共识和原则引导员工行为。很多传统企业的领导者都忽略企业文化，认为它虚无缥缈，但不管我们是否进行企业文化建设，它都天然存在，或自发形成，或出于历史承袭。

管理者都认为企业文化、价值观与团队凝聚力和员工积极性以及敬业度有关，对提升团队绩效有重要作用。但是当文化问题面临执行时，就很难像战略那样，被领导者誉为日常事务对待。究其原因，是因为企业文化都是蕴藏在未言明的行为、思维方式和人际关系中，作为一些非正式的价值理念和行为规范传播，是只能意会不能言传的氛围。

企业文化就像人的性格一样，千人千面。每个企业都有属于自己的独特文化，不管我们是否承认，或多或少都与领导者的个人气质有关。企业文化与领导者的领导力不可避免地交织在一起。很多企业的创始人能建立新的组织文化，让他们的价值观和信念影响组织长达数十年之久。每种企业文化都有优势和劣势，没有好坏高下之分，企业文化需要和企业规模、企业战略、发展阶段、业务领域等方面匹配。企业文化是非正式的控制机制，其核心作用是对内产生凝聚力，对外具有适应性。好的企业文化可以团结内部的每一位员工，并能适应环境的发展而产生自我驱动。

二
传统企业文化之困

对于大多数公司而言,企业文化是自然而然产生的,一旦形成,想要改变绝非易事,因为企业在成立之初容易受"选择倾向"的影响,会吸引秉承相似理念的人进入企业,而与企业理念相左的人则不会被吸引。我们试想一下如果一个企业一贯采取专制和强硬作风,后来又突然支持员工拥有发言权,鼓励大鸣大放,结果会怎样呢?那些一贯适应了只听从管理层决策去执行的员工并不能独立做出判断,给出合理性意见,而那些能独立思考的员工早在强硬作风盛行时就选择离开了。

很多企业在成立之初,并没有意识到企业文化的重要性,只注重物质激励等短期激励的显著效果,而忽视了长期文化建设。等企业运营一段时间,管理层开始考虑构建企业文化时,大多只是按领导者的喜好,编纂一份凸显企业精髓的愿景、使命和价值观,就只是在宣言里充斥着"富有创新精神""客户满意""行业领先"等陈词滥调,没有经过全员参与而达成共识。企业的员工真的信服这些愿景、使命和价值观,才是企业迈向成功的关键。所以,企业文化绝对不能纸上谈兵,沦为口号。很多传统企业以类似方式形成的企业文化大多包罗万象,没有突出和独特的核心价值观,大多从企业自身利益出发,没有囊括企业外部的生态体系内的合作伙伴,没有进行平台价值观输出和生态体系的文化建设,不能形成生态影响力。在数字时代,以创新者为中流砥柱的平台化企业,企业文化更是重中之重。

1. 企业文化不是喊出来的

切勿将"企业文化"流于表面的口号、标语、规章制度上,如此无法真正体现出企业员工所追求的价值观、经营理念和企业精神等深刻内涵。我们经常在街上看到餐饮行业、美发行业、房产中介行业好多位员工整齐列队，在领班的带领下高呼口号，时而拼命跺脚，时而昂首阔步。这一系列举动的目的是"凝聚员工，塑造企业文化"。但是很显然，如此夸张的行为并不一定能将教化意义直接扎根于人心，可能流于形式与口号，说一套做一套。

现实中我们常犯的一大错误在于把基本的管理失误归为文化问题，但其实企业文化并不能够解决所有问题。

组织中另一大常见的问题在于自上而下的知行分离，领导对于员工的要求和他自身的表现也相差甚远。这种上行下效会影响整个组织对于企业文化的公信力，说一套做一套的价值观会导致认知错位。因此，要想真正让企业文化在组织中落地、生根、开花并且结果，知行合一与言行一致不可或缺。

2. 不落地的浮夸文化对企业的负面影响巨大

随着时代的日益发展，也有越来越多的管理学实例证明，杰出而成功的企业无一不践行着一套独特的企业文化。而一个反面的例子同样醒目，安然公司（Enron）曾经是世界上最大的能源、商品和服务公司之一，名列《财富》杂志"美国500强"的第七名。然而，2001年12月2日，安然公司却因做假账使社会对其失去信心，向纽约破产法院申请破产保护。这桩美国历史上最大的公司破产丑闻让公司股东和员工成为最大的受害者，高管甚至被送进监狱。而极具讽刺的是"诚信"竟然是安然核心价值观的第一条。所以，企业文化和核心价值观不是漂亮的辞藻和标语，而是落在实处的行动。

管理学家在企业文化上寻找到了安然公司破产的原因——20世

纪90年代末期，业务上的成功和华尔街的吹捧使安然公司开始变得自高自大。公司内部过于强调个人表现导致了贪婪与攀比态度的滋生；内部的"一言堂"和"一家言"情况，导致了所有员工"唯诺是从"的企业文化，企业内部不再有反对的声音，追求漂亮的财务数字导致了内部的失控，内部交易、腐败和虚夸的营业收入以及隐藏的债务随之产生，最终导致了企业的破产。可以说，正是这种盲目崇尚表面风格的"伪先进"文化最终导致了安然的破产。㊀

三

平台化企业的文化共性

丹·丹尼森（Dan Denison）和金·卡梅伦（Kim Cameron）在讨论企业文化的对立性和有效性时指出，无论企业的类型、规模、行业和地域的差异，企业文化都是矛盾的统一体。它既要通过竞争和创新对外部产生适应性，又要通过合作和控制在内部产生凝聚力和稳定性。这种矛盾的统一是企业在文化建设中所要平衡和解决的重要挑战。创新和竞争强调的是企业的变革欲望与市场的应对能力，而合作和控制则强调企业保持高度凝聚力和一致性的内部执行力和抗风险的能力。这构成了企业文化建设中的矛盾的统一。

这两对矛盾的有机对立和统一决定了一个企业文化建设的成败，也是企业文化发展的关键。企业文化需要升维才能将这种矛盾的对立和冲突在高维度里统合。平台化企业在文化升维以后才能够在对立的矛盾体中找寻到均衡的状态。

平台化企业无一不具有这种在变化中不断寻求有机平衡的能力，这是平台化企业文化升维后的硕果。具体而言，平台化的企业中，

㊀ 参见2003年第2期《科技智囊》中的《一个企业千万别没了企业文化》。

利用认知的升维来融合矛盾有以下几种思考（见图 7-1）。

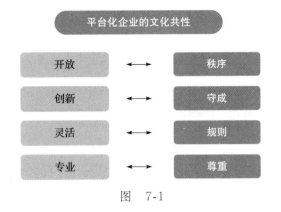

图　7-1

1．开放与秩序

平台化企业的文化倡导开放的价值观，但这并不是无条件的、无边界的、失序的，实际上是**在开放的同时遵从一种人人奉行且内化为行为准则的秩序**。内部开放意味着每个人在组织中表达意见都无须迂回，开放的组织文化能够保证信息流通顺畅透明以及每个人的话语权得到尊重，提高沟通的效率和效果。

在《原则》一书中，创始人瑞·达利欧谈到桥水公司在实践中的极度求真和极度透明时提道，"管理委员会考虑重组公司的后台部门，后台部门主要是为我们的市场交易业务（交易确认、结算、记录、记账）提供所需的支持保障服务。多年前我们就设立了这个兢兢业业、紧密团结的员工团队，当时首席运营官艾琳·马瑞提出了新的创意，把这个后台团队从桥水剥离出去，并入纽约梅隆银行，为桥水提供定制服务。"后来，艾琳主持召开了一次后台部门的全员大会。在会上，她以桥水领导者惯常的表达方式告诉大家目前的情况，以及很多问题都还是未知。最终，后台团队被剥离，但是，整个过程大家都予以配合，因为后台成员对这种追求实事求是，以及为他们着想的作风感到有信心,并愿意以善相报。

开放式组织并不意味着总是充斥着议而不决的低效。 事实上,以红帽公司(Red Hat)为例,这是一家开源解决方案供应商,也是标准普尔500指数成员,总部位于美国北卡罗来纳州的罗利市。红帽公司为诸多重要IT技术如操作系统、存储、中间件、虚拟化和云计算提供关键任务的软件与服务。比起同行,红帽公司更加热衷培育精英员工,鼓励他们基于眼光、能力、业绩成为公司的思想领袖,并且乐意为这样的"超级明星"启动项目研究提供种种便利。当然,关于这些具体的规章制度与执行方式,公司内部会经常出现激烈辩论,不过提议者总是需要与反对者、质疑者进行开诚布公的争论,每个人都必须学会从公司利益、公众利益、市场需要等各方面去说服他人,以职级和资历说话在这里并不好用。

毫无疑问,在这种开放式的组织体系中,规划决策与控制指挥已大大有别于其他企业。这无疑对管理者提出了更高的要求,需要更多地参与双向沟通,需要更多听取来自一线的反馈,需要将决策透明化,还需要以决策与指挥的科学性来赢得认同信任。因而,**管理者需要升维解决开放与秩序的矛盾**,需要像一位普通的业务经理那样,努力向组织内的他人兜售自己的想法而不可强加于人。**想要构建起企业内部合作伙伴的关系,管理者就必须升维思考,像外交官一样对待彼此,有礼有节,考虑双方利益,再寻找契合点。**

大多数时候,员工并不敢挑战权威,给领导出难题,或者传达坏的消息,但是坏消息往往更加需要重视,**管理者必须营造一个发表逆耳忠言的企业文化,让员工具有批判主义的辩证思维,在关键时候提出不同意见。** 在开始的时候,管理层可以帮助团队建立一个"事后讨论"机制,在结果已经发生以后讨论哪些决策做对了,哪些决策做错了。这种事后反省的做法,可以帮助管理者改善下一次决策的质量，鼓励公开、透明、诚恳的沟通机制。

边界开放的文化更适合微粒化组织。未来，越来越多的人选择自由职业者，像一个独立经济体自我管理。**建立开放式组织，引入众包机制、群体智慧，可以治愈大企业病，能够帮助创新公司更好地激发内部创造活力**。亚马逊创始人贝佐斯提出：让团队始终保持第一天创业的活力，我们需要"反熵增"。对于初创公司而言，这也将帮助企业度过最为艰巨的起步期，赢得口碑。当然，边界的开放也是有秩序、有前提条件的：我们需要借助数字化智能系统，在保持开放的同时，利用数字技术对战略性信息和资产加以保护，以免动摇企业经营之根基。

◀ 案例阅读：Square 的开源 ▶

总雇员数不超过 700 人的 Square 公司开源社区提高了企业的外部延展性，帮助 Square 在行业里达到卓越，使得他们成为世界范围内美国的移动支付公司开源贡献名单 Top5 里规模最小的公司。据 Square CTO Bob Lee 的说法，Square 已经将超过 60 个项目提交到开源社区，贡献了 25 万行左右的代码。Square 贡献的开源项目中最火的是哪一个？或许是 Picasso，作为 Square 开源的一个用于（Android）系统下载和缓存图片的项目，目前已经广泛应用于 New York Times、Paypay、Ouya、Spotify 和更多应用中。

在 Bob Lee 看来，正是因为 Square 公司规模小，因此将代码开源更具积极意义。与其将内部有限的开发资源都投入到通用问题的处理上，不如将其贡献给开源社区并与外部海量的开发者协作（重构和持续发展这些项目）。这种

做法同样适用于和 Square 类似的公司，集中精力完善业务上的特性产品，而减少耗费在通用基础架构上的时间。○

2016 年 6 月，苹果全球开发者大会并没有硬件产品发布，而是在制定好既有规则的情况下，逐渐将核心生态对世界有序地开放。与之前 iOS 操作系统的封闭相比，这种开放策略形成了强烈的反差。苹果只是顺应了全球创新走向协同的趋势。

另一个案例来自美国社交巨头 Facebook，它最近以 Open Compute Project 向外部敞开了自己的云计算，并公开了涉及服务器和数据中心的信息，邀请企业外部的开发商和个人开发共享。除了公开技术文档，Facebook 甚至还将服务器和数据中心的 CAD 设计图纸对外公开，以便与外部的合作伙伴在 Faccbook 平台上共同创新，实现共赢。相比国内社交软件的"自嗨"模式，Facebook 能够实现世界级的社交互动，究其根本，"开放式创新"起到了至关重要的作用。

不过，谈及如何正确地开放，接下来的反例同样来自 Facebook 公司。2018 年 3 月，美国《纽约时报》和英国《卫报》共同发布报道，曝光 Facebook 上超过 5000 万用户信息数据被一家名为"剑桥分析"（Cambridge Analytica）的公司不当获取，用于在 2016 年美国总统大选中针对目标受众推送广告，从而影响大选结果。美国联邦贸易委员会随即对此展开调查，主要针对 Facebook 是否违反了 2011 年的和解令（Consent Decree）。2011 年，由于 Facebook 更改了一些用户设置却没有通知用户，美国联邦贸易委员会指控 Facebook 欺骗用户，强迫用户分享更多

○ 改写自《开源世界应该致谢的五家公司 Square、LinkedIn、Google……》（https://blog.csdn.net/dolphin98629/article/details/53420184）、《开源国产化面临哪些问题》（http://www.docin.com/p-1593983603.html）。

用户本无意分享的个人信息。这类严重的用户资料泄密事件，使得该平台的信息安全工作备受批评，并且很有可能面临美国国会的巨额罚款。在此风口浪尖的当口，CEO 扎克伯格亲自道歉，称公司没能保护好用户数据，这是公司的巨大错误，并承诺永远不会再犯。

关于信息安全，Facebook 的损失不可谓不惨重，教训也不可谓不深刻，对其他企业的最大警醒莫过于，我们必须时刻牢记——**任何生态中的开放都不是随意而行的，切不可因商业利益而摈弃道德与法律的底线，企业的所有行为都必须在合法合理的范围内有序进行。**

2. 创新与守成

创新是企业的生命源泉，创新文化也是平台化企业的文化中不可或缺的分支。营造企业的创新文化必须着力塑造出企业对于创新的鼓励与导向系统。实际发展中，创新的成本投入如何与企业的经济利益保持平衡也是个重大课题，任何一种好的企业文化理念都应在动态平衡中达成制衡。

创新求变建立在守成的基础上。创新固然重要，但守成比创新更重要。没有恒久的守成，创新也就成了无根之木，无源之水。守成不是一成不变地对传统的留恋，而是对传统精髓的守成；创新也不是全盘否定传统的理念，而是对传统理念在继承下的发展与缔造。创新需要魄力，守成需要勇气和毅力。

平台化企业的生态化发展战略超越了传统企业管理的理念，企业文化也随之升维，追求创新与守成之间的动态平衡，在传承前人的经营理念，扎根于原有的文化与价值观，深耕于擅长的行业的同时，勇于创新，开拓新的发展模式。

微软的企业文化强调以产品创新为中心来组织管理公司，超越经营职能，大胆实行组织创新，极力在公司内部和应聘者中挖掘同微软人一样富有创新和合作精神的人才并委以重任。知识密集型企业的一个重要特征就是拥有一大批具有创造性的人才。微软文化能把那些不喜欢大量规则、组织、计划和强烈反对官僚主义的工程师团结在一起，遵循"组织职能交叉专家小组"的策略准则，由专家部门来定义工作，招聘合适的团队成员，使工作种类灵活机动，让员工保持独立的思想，在工作中学习，避免官僚主义的规则和干预，没有"职业化"的管理人员。管理者都是专业人士，大多平易近人，拒绝利用职权和权威发号施令，而是以专业知识在与组员的讨论中达成共识。

创新精神是知识型企业的文化精髓，微软作为科技企业的开拓者，始终如一地坚持创新，形成了一种不断新陈代谢的机制，不断进行产品革新，定期淘汰旧产品，始终保持旺盛的生命力。

3. 灵活与规则

如今，员工只知埋头苦干的年代已时过境迁，与父辈们相比，新一代员工有更多的追求，譬如工作中喜欢多样化、富有挑战性，丰富工作内容，营造弹性工作时间，管理者应帮助他们释放自我驱动力，平衡好工作与生活。事实上，灵活的时间与环境并不意味着漫无目的地放松，实则是在一定规则范围之内的灵活，为了更高效地工作。与灵活的工作时间相对应的就是项目进度必须在规定好的时间节点内完成，这是另外一种意义上的守时。此外，时代的发展也改变了员工的工作实质，70后初入职场时更多的是事务性工作，需要按部就班地加班完成，"80后""90后"初入职场时，计算机与移动端通信极大地减少了事务性工作的比重，使得办公沟通更顺畅，但这也往往需要更多的创新、对具体项目的参与感与归属感。因此，看似灵活的背后实则是技术驱动与主动勤奋的结果，使得每一名员工的效率更高,完成水准也更高。

"弹性工作制",是指在完成规定的工作任务或固定的工作时间长度的前提下,员工可以灵活地、自主地选择工作的具体时间安排,以代替统一、固定的上下班时间的制度。该制度包括自由调整工作时间制度、分批次错峰打卡、在家工作、远程工作等。在欧美,超过40%的大公司采用了"弹性工作制",包括施乐公司、惠普公司等著名公司;在日本,日立制造所、富士重工业、三菱电机等大型企业也都不同程度地进行了类似改革。而在中国,近年来也涌现出越来越多如此实行的工厂和企业,例如携程。但是,灵活工时的推行成功需要大家对于规则的遵守,如果有人滥用来"浑水摸鱼",也会导致灵活空间的萎缩。

结果显示,在这种模式下,"灵活"让员工与企业的勤奋都更加具有价值。对于个体来说,可以减少时空与硬件条件的束缚,多线程完成任务;对于企业来说,最大化地利用个人价值就是直接提高整体效益。

◀ 案例阅读:没有考勤的金士顿 ▶

上班不打卡,没绩效考核,一人工作,全家医保,即使是刚入职的新人,只要家里有人生病,马上会享受到六个月的带薪假,怀孕也有同等待遇。似乎难以相信世界上有这样的公司存在,而这家公司**不仅存在,而且完美避开了其他企业管理的法则,将业绩做到了世界第一**。它就是全球最大的内存企业,被美国《财富》杂志评为"美国最佳雇主公司"之一的金士顿(Kinston),全球总部设在美国加州芳泉谷,在全球拥有超过3000名员工。

这种无组织、无纪律、无原则的"三无"管理方式,早在公司发家阶段，就有人质疑过。《洛杉矶时报》的一位财经记者曾警告说："你们现在可以这样管，等做到2亿美元就不行了。"后来，等金士顿做到了2亿美元，这位财经记者发现他们还这样管，又改口警告："这种方式一定做不到10亿美元！"现在，金士顿每年营收超过65亿美元，并且连续20多年一直占据着全球内存模组厂的龙头宝座。

作为举世闻名的优秀企业，金士顿成功的原因一定是多样化的，但毫无疑问，其中必不可少的一点就是在这种轻松自由的管理制度以及充满关怀的人文福利中，员工们自发形成的团队的认同感与归属感。一方面，团队整体的认真态度真切地感染了每一个人，虽然没有硬性规定，但软性的心理认同感让每个人都以此为荣。另一方面，出于对团队的热爱，大家乐意主动帮助有困难的同事分担任务，在他人有困难时付出更多，他日自己遇上事时，自然会有热心人搭上一把手。因此，从大局的角度来说，每个人是否严格考勤并不会影响团队进度。

总结来说，金士顿团队里互为榜样，互为补位的氛围直接提高了每个人和整个团队对于企业的认同。可以说，这种灵活毫不影响勤奋，甚至对于企业发展具有颇为积极的促进作用。

4. 专业与尊重

大多数情况下，薪水的高低、资历的长短与决策能力毫无关系。在决策中使用个人经验和专业知识作为有力依据时，我们认为专业知识和行业经验对决策有影响。但是在多数企业中，"年资制"还是与权力挂钩，而不是看个人具体能力。

专业与尊重相辅相成，员工的专业水平决定对客户的服务水平，这是员工对企业、对客户的尊重。反之，企业也要给员工以尊重，拒绝论资排辈，也切勿将人工具化。近些年来，求职者选择企业时考量的诸种因素中，"员工尊重度"的重要性超越"薪酬福利"跃居榜首。的确，在当下，企业是否能公平对待员工、注重激励员工、尊重他们的体验与感受，已成为影响雇主声誉和形象的重要方面。

要真正做到尊重员工的专业，意味着要自上而下打破传统的"官本位"文化，不以职级头衔、行业资历以及工作年限评判是非对错。具体表现为，职位再高的领导在实践问题中也要倾听一线员工的专业意见，工龄再久的员工面对不懂的新兴事物时也要虚心向年轻的同事请教，甚至在某些领域，新人因为知识体系和学习能力的不断升级与迭代而得到更多的认可。我们应该打造一个任人唯贤的环境，让有价值的观点受到重视，营造每个员工都会受重视且有自主权的环境，促使人们做出更好的决策。我们应该鼓励质疑权威，消除那些偏见和不公。

比如，阿里巴巴公司就拥有十分尊重程序员的文化，他们对于优秀的技术人才不惜高薪聘请，技术人员的平均薪资福利水平在国内也是数一数二。而且，在日常工作中，每一位技术人员对于自己从事的工作内容都有充分的话语权。他们绝不会被当作敲打代码的工具，相反，他们对研发的产品和实现的形式有充分的了解。在这种尊重专业的价值导向下，阿里巴巴公司才能够保持对于人才的吸引力。

四
平台化企业的文化特性

总部位于美国加利福尼亚州洛斯盖图的奈飞（Netflix）成立于

1997年,是当今美国流媒体巨头、世界最大的收费视频网站,主要提供超大数量的DVD。奈飞已经连续五次被评为顾客最满意的网站,2018年《财富》(*Fortune*)杂志发布未来公司50强排行榜,奈飞名列第八。

奈飞的文化是团结协作、服务会员,并从中获得成长。这种文化助推其走向成功,而其自身也在不断完善中,这种文化不断地吸引着人才涌入进来,这种文化让员工更加满足地工作。

像很多公司一样,奈飞努力聘用最优秀的人才,重视人才的正直、优秀、协作以及对人才的尊重,其独特之处在于**鼓励员工独立决策**,他们公开、广泛而又不失谨慎地**分享信息**,彼此坦诚,高效工作,拒绝条条框框等。奈飞的核心宗旨是人才重于程序,优秀人才在工作中组成了一支梦之队,使得奈飞成为一家更具灵活性、趣味性、刺激性、创造性且更成功的公司。

关于决策行为:奈飞倡导,即使表意不明,仍可做出明智的决策;追根求源,既治标又治本;站在战略的角度去思考,明确表达自己能为之事、不能为之事,努力实现不能为之事;善于利用数据,增强直觉力;从长远角度决策。**关于自我**:奈飞期望寻找对公司而不是对自己或团队最有益的事物;在寻求最佳观点时思想开明;花时间帮助同事;公开、主动地分享信息。奈飞也非常重视包容:鼓励与具有不同背景和不同文化的人有效协作;鼓励和接受不同观点,做出更优决策;好奇于不同背景对工作产生的影响;承认所有人都会有偏见,并通过沟通消除偏见。

关于正直:奈飞倡导,坦诚直率,真实可靠,行事透明,无心政治;公开坦然地承认错误;不论身份或是否与己有分歧,尊重他人。在大多数情况下,在社交和工作中,坚持己见的人会受到孤立和排斥。奈飞努力让员工在公司内部对上、对下、横向持续给出专

业和建设性的反馈。⊖

奈飞大力倡导的求知欲：快速学习，渴望学习；有效地投入专业之外的学习中；寻找另类视角。奈飞提倡的创新内涵：提出有益的新创意；对问题进行再概念化，找出疑难问题的解决方案；挑战流行的设想，给出更佳方法；通过最小化复杂性和适时简化保持灵活性；在改变中成长。随意性和经常性的反馈可以让奈飞学习得更快、变得更好。反馈是与他人交流和工作的持续部分。同事之间无私的反馈可以让人建立信任，解除误会，打破教条，忠言逆耳利于行。如果人们之间存在一种关系和信任，就可以更好地交流反馈，这也是花时间建立职场关系的原因所在。很多职场新人来自不同地区，在有些地区直接反馈并不多见，同事之间甚至上下级之间的坦诚和反馈对他们来说很难做到，公司应努力通过教导和行为典范帮助员工做到这些。

奈飞的企业文化标示着一种未来企业塑造职场氛围的模范。平台化的企业文化，我们认为应该具备利他、赋能、通透协作以及共赢四大特点。

1. 利他

利他，作为一种人类美德的体现，一直是诸多学者研究讨论的焦点。19世纪法国社会学家奥古斯都·孔德（Auguste Comte）针对利己（egolism）的概念，结合拉丁语中"外在的"（alter）词源，创造出了"利他"（altruism）一词，这也是公认的利他作为一个明确概念的产生。孔德认为，"利他是一种为他人而生活的愿望或倾向"，是一种与利己相对应的倾向，利他主义所强调的是他人的利

⊖ 素材来源于微信公众号"美中技术和创新协会"的《详述 Netflix 企业文化》，详见 https://www.sohu.com/a/152699435_610511。

益，提倡那种为了增进他人的福利而牺牲自我利益的奉献精神。

平台化管理强调利他的文化取向，是基于利他的现代价值和实操可行性而来的。

利他的文化，实质上是为客户创造价值的升级版。现代的企业管理非常强调为客户创造价值，站在客户的视角来审视自身的商业逻辑，只有能够持续地为客户创造价值的企业才能够生存。传统的企业所指的客户是指企业外部的客户，而平台化企业的客户，已经打破了企业的边界，只要是业务流转的各个环节，就会涉及平台上的多个业务单元，包括公司内其他部门的员工以及上下游的合作伙伴。

利他的文化，也是充分发挥专业分工红利的重要前提。随着社会分工越来越深入，企业在享受社会分工带来高效率的同时，一个重要的前提条件也必须越来越得到保障——分工后的合作是必不可少的。这种现代模块化分工与合作的基础就是利他，利他成为分工的出发点，也是合作的终点，利他能够激发专业分工与合作的最大功效。反之，过多的"内心计算"就会导致大量的讨价还价，导致效益和效率的双重受损。

利他的文化，也得益于现代信息技术带来的信息对称，确保了利他行为可以得到准确的估值和利益的保障。当利他战胜自利成为更好的选择时，利他就具有更多的应用场景和实用性。正如诚信一样，当诚信能够带来更大的个体利益的时候，个体就会注重自身的信用体系。

总之，利他是一种先进的文化元素和价值取向，相较于以前的自利文化、委托代理等制度设计，利他文化重构了利益分配的前提假设。通过声誉机制和文化筛选功能，利他文化可以更好地聚集志同道合者，共同在一个资源共享的平台上实现自我的最大价值。

日本著名的企业家稻盛和夫因大力推广利他文化而创造了一段又一段传奇。稻盛和夫说："这是利他之心的回报，为对方着想似乎伤害了自己的利益，却带来意想不到的成果。"

2．赋能

平台化企业中，个体的主要驱动力来源于实现自我价值的自主驱动力，以及创新带来的成就感。数字时代，企业需要创新，个体需要赋能。赋能比激励更依赖于企业文化。文化让志同道合的人聚在一起干一番事业，而不是用传统利益驱动的方法去考核和激励。开放的公司文化本身就是一种奖励，未来的个体更在乎自我价值观和企业价值观的趋同。对文化的认同感使更多的人慕名而来，自发组织，自我驱动，奋发进取。未来的管理者更多需要的是生态领导力，而不是发号施令。管理者在管理中扮演的是教练而不是监工。管理者需要激发员工自主性，让员工发挥自己的专长，遵循自己的兴趣。

平台化除了赋能个体，赋能企业，还赋能合作伙伴，打造繁荣生态组织。在2017年财富全球论坛上，腾讯公司创始人、董事会主席兼首席执行官马化腾表示，腾讯在互联网时代要做去中心化的赋能者，并不试图去掌握别人的命脉。他为自己在商业生态中扮演的角色打了一个通俗的比喻："我们不是出租，而是请你来建房子，建完房子就是你的，客户、粉丝都是你的，不需再交月租，也不需每年涨价。"马化腾还将赋能分为中心化赋能和去中心化赋能。他认为中心化赋能还是掌控了利益相关方的命运，且被赋能者的安全程度不高。可以看出，马化腾倾向于打造去中心化的赋能式商业生态，并以此为自豪。

诚然，在移动互联、大数据、云计算、人工智能、区块链等技术快速发展的大背景下,"连接"已经成为一种常态,企业与各类利益相关者有效连接而构建成的商业生态系统会形成巨大的竞争优势,"富生态"已成为很多企业的愿景和战略目标。那么企业构建"富生态"时,赋能的内涵到底是什么呢?

赋能是企业通过提升被赋能者的能力,直接增强赋能企业在生态系统的竞争优势,从而更好地服务自己的用户。值得注意的是,不是有交易就叫赋能,赋能企业需要对被赋能企业做出交易之外的实际贡献,如能力提升、认知升级、增值服务等。

华为手机的供应商包括星星科技、诚迈科技、中科创达、汇顶科技、同兴达、联合光电、比亚迪电子、京东方、通达集团、水晶光电等公司,但如果华为手机仅仅与这些供应商产生业务交易,没有做出交易以外的实际贡献,那么华为手机与这些供应商之间只是买卖关系而不是赋能企业与被赋能企业的关系。常见的赋能做法有综合服务赋能、金融赋能、无形资产赋能、供应链赋能、数据赋能、技术赋能以及政府关系赋能等。

一个知名的案例便是日本的丰田公司,这家从不故步自封、独享成果的企业总是乐于分享与付出,尽力帮助周边公司共同成长,打造生态圈。在其创始人所著的《丰田模式:精益制造的14项管理原则》一书中对此有所论述:"企业要始终重视合作伙伴与供货商,激励并助其改善。重视你的合作伙伴与供应商,把它们视为你事业的延伸。激励你的外部合作伙伴,要求它们成长与发展。这种态度显示你重视它们。为它们制定挑战性的目标,并帮助它们实现这些目标。"

这种对于周边企业与整个产业链条的赋能看似花费不少却无助自己,但长远来看,共同做大了行业的"蛋糕"后获益的首先仍是自身。这种赋能,于己于人都具有深远持续的重要意义。

3. 通透协作

企业文化的通透协作性可分为两部分：内部通透与外部通透。

内部通透体现于企业内部的每位成员，上至高层领导，下至基层员工，每一位个体的状态、能力、目标甚至是个人偏好都可与同事、领导以及团队分享，不再互有保留，彼此间的互相熟悉能够实现更好的取长补短。这项特质是衡量企业各部门配合能力的重要指标。内部的通透性保证了各个部门和个人能够更好地协作，做到互相取长补短，让团队不会成为被一块短板掣肘的木桶。

而外部的通透性则意味着企业与整个生态圈体系里的其他成员实现信息的自由流通。只有实时互通有无、公开分享，才能发现并挖掘出彼此间更契合的利益分享点与更合适的合作方式。

此外，通透还意味着信息屏蔽不再能够成为获利的来源，利用信息的不对称形成的商业模式不具有可持续性。一家企业只有达到开放与通透的状态，才会由内而外地散发出能量，吸引更多原子加入这个生态圈。

以在全球闻名的赛车和运动跑车生产厂家法拉利（Ferrari）为例。这家创立于1929年的意大利公司虽说属于传统的汽车制造行业，但这里的工作绝不只有枯燥的每日打卡与车间流程。工程师与技师们的每一次维修、设计、生产制作与加工出品，都可以得到充分的认可与尊重。他们平时无须遵守固定的工作时数，如果愿意，有时甚至能够伴随着音乐与美食，在外出享受过晴朗的阳光与美妙的微风后，回到实验室或是维修室继续工作。此外，每周还会有固定的半天亲子休闲时间，可提前下班与家人团聚。

在这种氛围中浸染的员工自然也对工作倾注热爱与心血，因而，最终他们经手或交付的每一辆车都不只是简单的工业成品，而是真正的艺术品。由于优秀的品质与享誉世界的品牌美誉度，在一定程度上，拥有法拉利汽车在世界范围内都是财富和地位的象征。这就是员工的心态决定了产品质量的实例，也很好地印证了员工与企业的协作和相互成就。

4．共赢

犀牛是一种凶猛的动物，但它却能和一种小鸟——犀牛鸟和平共处。因为犀牛的皮很厚，表皮褶皱中常寄生有小型昆虫吸食血液，而犀牛鸟正是捕捉这些昆虫的好手，同时，犀牛鸟也借助着犀牛利角的保护免遭鹰的伤害。作为回报，犀牛鸟也常常利用自己灵敏的感官触觉向犀牛第一时间发出危险预警，让它能够及时采取防范措施。自然界的和谐共生现象揭示了一个原始简单但又不易达到的境界——"共赢"。只有互利共赢，方能共谋发展繁荣之道。

共赢思维是指在多元关系中，在相互信任的基础上，换位思考，相互理解，相互支持，使得多方利益分配趋于合理化，使得各个利益群体的需求得到最大化的满足，使得各方满意，形成相互依存的伙伴关系。例如，世界四大会计师事务所之一的德勤，开发新客户时，如果有两个项目组同时接洽到客户，采取的方案并不是像IBM那样进行内部团队竞争，而是两个项目组合作共同承接客户。德勤资深合伙人在谈及此事时说："作为德勤，不论最终哪个团队获得项目，都是属于德勤的，所以两个团队应该合作共赢而不是进行内部竞争。"

企业与员工，二者是利益共同体、风险共同体、命运共同体。员工个人成长与企业发展互为依托，企业的成功和发展要依靠员工的成长来实现；员工的成长又要依靠企业搭建的平台，有赖于企业的成功与发展。企业兴，则员工兴；企业衰，则员工衰。员工成长是公司发展的动力，公司发展是员工成长的根基，只有共同发展和成长才能实现共赢。㊀一个很好的例子是一些大型企业实行的内部孵化制度，这种创新机制使得高管不必全然脱离组织与岗位也能求得自我的突破，堪称在原有基础上的借力打力，而企业也可通过赋能或入股等形式留住优质人才，在经济利益上也可受益良多。

学会共赢，打破狭隘的"零和博弈"思维，这不仅对员工与企业之间的关系有重要启示，在企业与企业间其实更为重要。

◀ 案例阅读：英特尔为什么不愿 AMD 破产 ▶

提起竞争对手间的共生之道，则不得不提及主导整个半导体行业半个世纪发展轨迹的英特尔公司与 AMD 公司。其实，英特尔和 AMD 的创始人都来自于传奇的仙童半导体，半个多世纪以前，他们本是同门兄弟，AMD 只比英特尔晚创办了一年时间。在 PC 芯片市场，AMD 一直扮演着英特尔麻烦制造者的角色，以高性价比产品持续给芯片巨头施加市场压力，甚至一度迫使英特尔借助垄断地位实施非竞争措施。

然而面对这样的老对手，英特尔却始终保持敬畏与尊重，甚至几度对处于破产边缘的 AMD 施以援手，使其免于覆灭之灾。究其原因，有这么几点——其一，出于对自身发展的不断鞭策，如若没有了竞争对手，无人敲打的状态很有可能让英特尔沉溺于一家独大的现状，导致企业发展停滞不前。其二在于美国的反垄断法，法律很可能会对英特尔进行高额罚款，甚至进行分拆，这是他们无论如何也不愿意经历的。

由此可见，留有对手、尊重对手、直面对手，与其在长期的竞争中良性共生，绝对是一家伟大企业的不凡见识。

㊀ 吕国荣. 好员工与企业共赢 [M]. 北京：机械工业出版社，2013.

五
共建升维利他的企业文化

1. 绘制愿景、使命与价值观

利他愿景是一个企业对理想未来的规划图景，是企业长期的设想和规划。例如，谷歌的愿景就是能够组织全球的信息，让每个人都能随时随地获取信息，正是这样长期宏大的愿景指引着谷歌在每一个阶段采取最符合自己价值观的行动。

如何让员工相信公司的利他愿景？让员工意识到利他最终也会利己、利企业，从而实现互相赋能与共赢，如此一来，便能真正激发出员工内心的使命感。当员工为自己和组织共同构筑的愿景而工作时，我们会发现整个组织犹如脱胎换骨，因为有一种发自内心的使命感把员工内在信念和外在行动紧紧地凝结在一起，这便是共同愿景。平台化企业的愿景应该由企业内部沟通达成，从发起、讨论，到初稿、修订等，不是哪一个人能够单独决定的。建立利他愿景关键是要建立一种"认同感"。

明确使命 就是要确定企业实现愿景目标必须承担的责任或义务。百度的愿景是做全球领先的人工智能科技公司，旧的使命"便捷地获取信息"已经无法承载新愿景。只有在科技上投入更大，才能成为领先的人工智能科技公司，才能使世界更简单、生活更美好。

认同使命 迪士尼的使命是"让世界快乐起来"。所以，迪士尼招进来的员工都是很开心的人，悲观的人没办法进这家公司。他们的文化产出目的就是让大家开心。由此可见，使命会影响人才的选聘方向，也直接决定了组织的特质。

增强使命感 如何让员工具有企业主人翁的责任感和使命感呢？方法有二：

其一是企业要给员工提供程序正义的安全感、奋斗者为本的归属感以及实现自身价值的平台。核心是企业的经营者通过多种活动及言教身教引导员工认同企业的价值观、使命感，想办法让员工与企业的目标保持一致，真正实现休戚相关，荣辱与共。

其二是提供员工参与长期回报的机会，例如股权期权激励。让员工实实在在成为企业的主人，他的责任感、使命感就会油然而生，就会自然拥有主人翁心态。但是分配方式同样需要靠责任感与能力来支撑，与企业的发展阶段也有关系。

◀ 案例阅读：星巴克的近千亿美元产值从何而来㊀ ▶

当许多企业强调以顾客为中心时，星巴克创始人霍华德首先思考的是人。他特别强调将员工放在第一位。因为最先感知企业产品和文化的是员工。如何让员工产生归属感，纳入企业统一的价值体系中，这是企业最难解决的问题。星巴克从人的基本生存需求出发，把员工称为"伙伴"，成为美国第一家为临时工提供全面医疗保险的企业、第一家给临时工股票期权的企业。值得注意的是，很多企业也能满足员工发展的"马斯洛需求"，但员工并没有如企业所愿迸发出巨大的热情和持续发展的动力。原因何在？还有哪些关键因素决定着隐形价值链？

因素一：员工的心与企业家的心交集有多大。自1991年开始，霍华德不顾董事会的反对，面向全体员工推行"咖啡豆股票"计划，让每个员工成为公司的合伙人。他这样说服董事会：如果能把每一个雇员都结合到一个整体中来，他们就会以CEO的态度来对待公司。投资者的股份比

㊀ 王华. 星巴克是如何创造近千亿美元产值的[J]. 商学院，2016（3）.

例也许相对缩小了，但他们名下的股值却肯定会增长得更快。而事实也的确如此。

霍华德2016年1月来到中国时，宣布额外给予中国区员工"住房津贴"，相当于员工租房金额的50%，让员工可以全身心地投入工作而少有后顾之忧。除了员工自身，企业还关注员工家人的感受。星巴克在中国连续开办了四年的家长会，请家人一同来体验工作氛围，家人的支持让员工的工作更富动力。

因素二：机会公平。在星巴克，每个人都是别人的支持者和教练，而不是训导者。这意味着只要有能力，人人都能获得快速发展的机会。星巴克中国近五年来每年有近15%的伙伴获得职位晋升，拥有世界最多民族的员工，56个民族悉数囊括。"英雄不问出处"的理念在星巴克得到很好的贯彻。

因素三：用善念感染员工，建立价值认同。星巴克一直从商业机制的角度保证公益事业的永续发展，有业务的地方就有公益。从咖啡豆采购开始，他们采用溢价收购以支持当地咖啡农的可持续发展，发展教育，改善医疗，帮助他们不用因为生计问题离乡离土，进而持续提供优质的咖啡豆。公司也会组织员工去咖啡产地看咖啡农的生产，让员工亲身体会道德采购对咖啡农、对企业的重要意义。

因素四：让员工成为消费者反馈环中的一员。星巴克是办公室和家之外的"第三空间"。许多人在这里工作、开会、商务会见。消费者的所思所想，一线服务员最清楚，任何给予顾客的真诚帮助都能收获真诚的微笑。服务的本质是以心换心，由顾客处收获的评价和笑容会勉励员工，形成一个集体情绪与情感升维。

2. 领导认知与集体升维

选择与文化变革目标相契合的领导者，领导者应在组织的各个层级推动企业文化变革，创造出新的组织气氛，从而发挥催化作用。在选择管理者时，应评估其与企业文化变革目标的契合度，为此企业需要一个评估组织文化和个人领导风格的明确模型。领导者可以提供培训和教育的窗口，帮助那些不支持文化变革的管理者集体升维，认识到组织文化与战略发展方向的关联性，从而促使他们主动参与文化变革。在管理者集体升维后，使其了解到文化变革的价值和潜在意义，通过管理者自身对组织的影响力推动变革。我们不可否认文化变革确实会造成人员流失，有些人因为感到自己与组织不再合拍而选择离开，组织也会劝退阻碍变革的人。但是，文化变革的推动力来自于领导者思想升维和管理者集体升维。

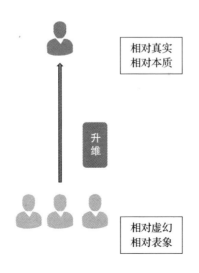

（1）利他领导者具备的能力特质

- 面向未来。

  制定战略，有战略眼光，团队建设，产融结合。

- 立足行业，放眼全球。

  时代趋势，平台化思维，行业发展。

- 多元人群。

  文化认同，聚拢人才，文化共享。

- 拥抱技术。

  自建生态，融入生态，共享生态。

（2）管理层集体升维的能力特质

- 使命感：一家组织存在的意义，就是通过创新性的产品与服务为社会谋求福祉，为客户创造价值，这是管理层必须具备的使命感。
- 拥抱变化：当领导者把跨行业的模式和科技信息及数据分析的内容形成战略意图时，管理层必须在自身思维的底层，树立起拥抱变化、迎接挑战的潜意识。
- 打开沟通的窗口：各部门的负责人要主动召开讨论会，看到领导人思考的高度和研究人员的思考宽度，并达到自己业务的深度。
- 形成战略：要面向未来，同时脚踏实地，虚实结合，并经模型推理，形成公司和业务战略。

3. 倡导企业集体的共识

达成共识只需要做到四件事情：**共同的事物、共同的语言、共同的行为、共同的感觉**。

共同的事物：无论是服装、办公室布置，还是公司的 VI 标识系统，都要给员工明确的共同指示与规范。很多时候人们不关心这些共同的东西，但正是共同的事物让员工可以和组织完全保持一致。

共同的语言：语言具有特殊的作用是人们所熟悉的。西方谚语说，世界上最近的距离和最远的距离都在舌头上。这说的就是语言的功效。如果可以让员工有共同的语言，也就让员工之间达成了共识而没有距离。

共同的行为：部队是运用共同的行为达成共识的典型。任何一个军人都会要求自己一切举止符合要求，无论是步伐、吃饭、训练还是睡觉，这些完全一致的行为举止训练，使得军队形成强大的组织，战无不胜。我们在形成企业文化的时候，也一样需要员工具有共同的行为举止。

共同的感觉：奈飞与星巴克的经验说明，给员工好的感受有着非凡的意义。这样的感觉一旦成为员工的共识，就会发挥出巨大的作用。当一家公司的员工评价公司说"**公司对我们很好；我们喜欢这个地方；我们关心公司，因为公司关心我们**"，那么这家公司就形成了员工共同的感觉。

导入平台化的文化时，要改变组织中隐藏的共同准则、信念和观点，需要在文化变革中充分讨论现有和理想的文化风格，以及管理层的工作风格差异。当员工逐渐发现领导者和管理层开始讨论新的业务表现（如创新而非季度盈利，如技术而非收入），他们也会改变自身行为，形成一个良性的反馈机制。组织可以通过多种方式来推进文化变革，例如小组讨论、座谈会、内部社交活动等，增进领导者、管理层和一线员工的充分沟通，具有影响力的变革者用语言和行动来实践和宣传文化的变革。

4. 通过培训达成集体共识

企业领导与管理层升维后怎样和基层员工达成共识并形成合力？这需要通过多维培训，在内容的设计上特别加入升维的思考和利他的理念，具体有四个步骤。

（1）沟通企业现状

人事部门要和员工沟通了解企业文化的现状（包括员工整体氛围、员工工作满意度、企业文化落实及传承情况等），企业文化诊断有很多方法，包括员工访谈、结构性问卷、内部数据提取等，诊断工具可以采用双S诊断模型、奎因企业文化导向诊断模型、丹尼森组织文化模型，了解企业的现状与梳理和分析问题的本质是文化重塑的起点。如果企业文化存在问题，员工就会对企业发展感到焦虑，觉得方向不明确；如果部门之间的协调不完美，员工就会缺乏向心力和内聚力。

（2）让员工参与其中

企业文化帮助员工形成一致性的职场行为，企业可以遵循共同的事物、共同的语言、共同的行为和共同的感觉来建立企业文化。常见的方法是，公司利用识别系统的规范、办公设备的统一和工作环境的设计形成共用事物的外部氛围；在讨论合作、解决问题时，创造并利用通用的内部语言，帮助大家形成共同亲密的认同感；通过周例会、月例会等会议的参与，以及培训员工在人际交往、客户互动、工作流程上注重质量标准与细节，培养共同的行为；最后，通过频繁的互动讨论寻求共识，将日常行为内化和外化，形成共同的感觉。

（3）进行企业文化培训

企业文化培训方式有多种，举例如下。

- 入职培训：培训公司的价值主张、利他的核心概念、升维的思维方式。
- 导师制：从上到下推动各部门老员工带领新进员工，了解文化，了解业务，了解流程。
- 钉钉、微信群培训：每周对学习状况进行讨论，帮助有困惑的员工掌握情况。
- 企业大学：让领导者有机会对高潜管理人员阐述、传承思想、价值观，给更广泛的内部管理者从战略、领导力、世界观、未来观、价值观等方面进行系统性的梳理与教育，持续将升维和利他的理念根植于日常行为与习惯之中。

（4）帮助企业文化落地

古时打仗，只有将军身先士卒，才能鼓舞士兵奋勇杀敌，最终取得战争胜利。《论语》有云："其身正，不令而行；其身不正，虽令不从。"身为领导者，要以身作则，做出表率，这样不用等到正式下行政命令，追随者就已经开始行动起来了。如果自己行事不端，处处给自己找借口开脱，却要求下属遵从规章制度，尊重和传播文化，则不会有人心甘情愿地遵从。领导者不仅是文化的构建者、制度的制定者，更应该是一个践行者。领导者不仅是一个高瞻远瞩的决策者，更应该是一个亲力亲为的"优秀员工"。领导者参与到员工之间，才能真正了解每个人的想法和需求，才能换位分析和升维思考。

万达公司的董事长王健林曾在演讲中说，"我是万达的创始人，但我依然坚持，我要求员工做到的，自己首先做到。论敬业，我每天7点多到公司，早来晚走，很少休息，是最勤奋的企业家。讲廉洁，招投标我从不干涉，在公司里没有我的任何亲戚，而且我对自己的亲属也严格要求，不允许亲属与公司做生意。讲信用，我不论亲疏，只看能力，员工在万达工作好就是最好的关系，提倡人际关系简单化。所以到现在为止，在公司里我敢说一句话：向我看齐。"⊖

《傅雷家书》也有类似论述："世上最有利的论证莫如实际行动，最有效的教育莫如以身作则；自己做不到的事千万勿要求别人，先改自己。"

5. 结合晋升机制

晋升机制如图7-2所示。

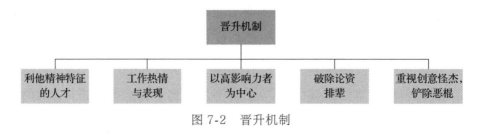

图7-2　晋升机制

在物色、提拔高层负责人的时候，要挑选具有利他精神与行为特征的人才，避免掉将个人利益置于企业整体利益之上的人。

- 不要把岗位经验或年资作为晋升管理者的主要标尺，要更看重工作的热情和全情的投入。热情是卓越领导者与生俱来的特质，他们身上的热情就像磁铁一样把人们吸引在自己身边，激发大家工作的正向情绪。

⊖ 王健林. 王健林谈万达管理：在公司里我敢说一句话　向我看齐［EB/OL］.（2014-9-25）［2019-07-19］. http://finance.ifeng.com/a/20140925/13145355_0.shtml.

- 在管理层的顶端,要提拔能够影响人心的人才,带给大家对理想的渴望、对原则的坚持、利他助人的大爱,吸引行业万众来归,激发大众的潜能。
- 要能容纳对企业创造重大价值却不墨守成规的"创意怪杰",绝对不能放过那些损害企业利益的"恶棍",如果有人将私利置于集体利益之上,一定要迅速果决地采取行动,把恶棍铲除出去。有创意的人才往往不循常规且难以相处,他们的特立独行有时的确让人抓狂。企业文化讲求遵循集体常规,但是创意怪杰常常不循常规,有时需要对他们包容与保护。综上所述,企业需要区分创意怪杰与恶棍,重点在于其所创造的价值及不损害公司的集体利益。

《道德经》有云:"上善若水,水善利万物而不争"。平台化企业首先要有社会价值,才有自我价值,在社会价值方面没有得到社会的认可或没有得到最大的表现,是无从谈自我价值的。平台化企业将利他精神融入企业文化中,体现在平台价值观中,并与产品和服务有机结合,传递给生态内所有合作伙伴。

表 7-1 对平台化管理中如何建立升维利他的企业文化进行了梳理。

表 7-1

平台化企业文化特点	利他	• 平台化企业的利他文化强调的是他人的利益,提倡那种为了增进他人的福利而牺牲自我利益的奉献精神
	赋能	• 利用平台基础设施,赋能个体,赋能企业,还赋能合作伙伴,打造繁荣生态组织 • 管理者需要激发员工自主性,让员工发挥自己的专长,遵循自己的兴趣 • 管理者在管理中扮演的是教练而不是监工 • 赋能企业:通过提升被赋能者的能力,直接增强赋能企业在生态系统的竞争优势,从而更好地服务自己的用户

（续）

平台化企业文化特点	通透协作	• 内部通透体现于企业内部的每位成员，上至高层领导，下至基层员工，每一位个体的状态、能力、目标甚至是个人偏好都可与同事、领导以及团队分享，不再互有保留，彼此间的互相熟悉能够更好地取长补短 • 外部的通透性则意味着企业与整个生态圈体系里的其他成员实现信息的自由流通。只有实时互通有无、公开分享，才能发现并挖掘出彼此间更契合的利益分享点与更合适的合作方式 • 信息屏蔽不再能够成为获利的来源，利用信息的不对称形成的商业模式不具有可持续性
	共赢	• 共赢思维是指在多元关系中，在相互信任的基础上，换位思考，相互理解，相互支持，使得多方利益分配趋于合理化，使得各个利益群体的需求最大化地得到满足，使得各方满意，形成相互依存的伙伴关系
共建升维利他化的企业文化	绘制愿景、使命与价值观	• 明确使命 • 认同使命 • 增强使命感
	领导认知与集体升维	• 选择与文化变革目标相契合的领导者，领导者应在组织的各个层级推动企业文化变革，创造出新的组织气氛，从而发挥催化作用
	倡导企业集体的共识	• 构建共同的事物、共同的语言、共同的行为、共同的感觉
	通过培训达成集体共识	• 沟通企业现状 • 让员工参与其中 • 进行企业文化培训：入职培训、导师制、内部系统培训、企业大学 • 领导者身体力行，帮助文化落地
	结合晋升机制	• 在物色、提拔高层负责人的时候，要挑选具有利他精神与行为特征的人才，避免掉将个人利益置于企业整体利益之上的人 • 不要把岗位经验或年资作为晋升管理者的主要标尺，要更看重工作的热情和全情的投入 • 提拔能够影响人心的人才 • 如果有人将私利置于集体利益之上，一定要迅速果决地采取行动，把恶棍铲除出去

结　束　语

　　传统的企业战略管理思考方式要求针对竞争对手建立起可持续的竞争优势，然后关闭城门，严防死守。但是数字时代已不同往昔，那些以信息稀缺、配送资源稀缺、市场覆盖面不足、商品和服务匮乏构成的护城河已难以坚守和保留。我们正处于技术革命与数字化的转型时期，数据的互联互通已经逐渐成为全球商业社会的基础，运用数据驱动的管理思想是平台化管理的基石。数据驱动代表着企业管理的未来趋势。企业在利用数字技术后，其运营效率可以显著提高，综合运营成本能够大幅度降低。数字技术对企业的重要性不言而喻。数字时代，随着数字技术和人工智能技术在企业管理领域的广泛运用，传统的管理思想和管理方法面临巨大挑战，职场关系、管理心态、所需能力都需要改变。**平台化管理是助力企业进行平台化转型的理论基础与实践手册。**

　　数据为我们打开了虚拟世界的大门，让我们可以从另一个维度看清楚我们身处的物理世界全貌。数据帮我们克隆了一个物理世界的镜像，让我们可以通过建模实时了解商业及商业环境，将其放大并无限解析到最小颗粒度。以数据为驱动力的管理升维和组织微粒化构成了平台化管理的两大核心要素。

　　平台化管理从关系多样化、能力数字化、绩效颗粒化、结构柔性化和文化利他化五个方面构建管理模型，而实施关键是以平台化管理为指导，通过领导者认知升维达到前所未有的战略高度和精度，通过文化升维带动管理层和员工集体升维，通过以数字技术为基础构建数据智能，从全局进行战略平台化、组织微粒化和管理颗粒化建设，重构企业的管理模式。

数据智能

搭建全面数字化智能系统需要彻底打通前台、中台和后台数据，实现数据的大流通，形成完整的信息流。数据智能帮助企业打造数据化前端，从而提升用户体验和销售运营能力。数据化前端不仅可以帮助企业采集前沿市场数据，帮助企业了解每个细分市场用户的个性化需求，将信息及时反馈给后端支持部门，还可以进行数据的可视化查询以及有效分析，支持业务运营的精准决策，打造数据化运营体系的大平台，提高整体运营效率。在后台数据形成一定规模后，企业有足够能力支持数字化前端规模越变越小，触角越伸越远，反馈回来的数据加强了后台数据能力。

战略转型

运用平台化管理五化模型，结合企业发展的实际情况，从战略规划的角度着眼，具体实施方法与企业的性质、经营的实际情况，甚至是员工的认知水平息息相关。管理者需要站在合适的战略高度来规划调整相关维度，最终实现发展目标。从企业管理的阶段来看，这是一个从具体业务到系统、从资源观到人本观的转变。传统的企业管理强调重视利益，重视结果。平台化管理则进一步强调可持续性的发展不仅为达成业务目标服务，还应该为打造一个具有创新性、具有活力、成就他人的企业努力。

整体实施

运用打造平台商业生态系统的方式来运作和管理企业，需要全面实施平台化发展战略，要从用户需求、商业模式、平台架构等多方面对传统企业进行改造，从而实现企业平台生态系统的优化。企业平台化转型的变革关键在于平台化管理五化模型中的五大要素的平衡与整合。对于任一要素的偏执强调，都会导致整体的失衡。平台化企业的思路和布局不能只从商业的角度出发，而应通过文化的力量、意识的改变和价值观的认同来实现。企业要始终以关系为纽带，以能力为先导，以绩效求结果，以组织为基础，以文化为灵魂。

平台型的企业不再以简单的行政性命令作为驱动，对于传统企业，转型过程可能会出现一种不适应与混乱。转型初期，最高管理层制定平台化转型战略，而长期受利益驱动的中层管理者思维还在传统绩效表现的旋涡里，没有随着高层管理者集体升维，因而高层和中层的对立冲突强烈。中层管理者是承上启下的中间层，受众多基层人员影响，转型的决心摇摆不定，既得利益割舍不下。他们长期盘踞于企业，形成错综复杂的利益"朋党"，成为企业转型阻力。因此，转型战略执行力度从高层到基层递减，执行方案常常不能得到有效实施而使得大多数转型胎死腹中。此时，最高管理层需要反思自己的初心是否从利他共赢的角度出发，确定平台化有助于员工、客户、供应商以及社会大众。然后高层应该和中层一起制定详细的转型路径图，并根据路径图构建动态的转型规划模型，根据转型的实际情况，随时调整模型参数。调整绩效管理机制是转型的关键，颗粒化的绩效管理有效帮助高层管理者从行政体系上推动转型，转变中层KPI思维，建立柔性化组织能力。同时，高层对中层转型前期进行文化宣导，转型中进行持续培训，来实现集体升维达成共识。中层管理者除了与高层的思维和认知冲突之外，还面临能力不足的问题。传统企业的中层管理者和基层人员只是企业运转过程中的一颗螺丝钉，大多从事机械式的执行工作；而平台化企业的中层管理者和基层人员则不同，他们需要"眼观六路，耳听八方"的广度，还需要有细致入微的深度，最重要的是需要有"面面俱到"的全面能力。这些能力非"一朝一夕"可以获得，需要长时间的修炼，企业最高管理层需要有耐心，做好自己的情绪管理与合理预期。传统企业的中层管理者和基层人员对于这种能力的转化和转变有天然的抵触情绪，所以在转型初期，企业需要对中层和基层进行大量的能力培训，选拔现有老团队进步最快的人当团队领导，带领团队实现转型目标。此外，还要招聘既适应现有团队文化，又能带领团队适应新要求的新鲜血液充盈队伍。

每一次的改造，要设计合适的操作方案，并且通过管理层的思想升维和管理方式的变化来实现。平台化企业要具有大格局，通过文化的力量凝聚集体。一个企业发展终归是以人的创新动力为驱动，因此组织的边界就是人的思维、能力、创新的边界。如何将平台化组织塑造成一个无边界的组织和商业模式，最大化释放创业和创新活力就成为更高级平台型组织的竞争形态。平台化改造要从五化模型的五个角度的多方面进行改造和应用，企业要完成系统战略规划，并有计划、分步骤地实施。传统企业向平台化企业的转型，应该亦步亦趋，结合企业的实际情况。

平台化转型是一项复杂的系统工程，需要一定的方法和路径，不可急功近利，更不可利用传统手段强制推动。企业可以在充分考虑平台成熟度的前提下采取阶段性跃升、递增式发展的思路，可将对平台转型预期不足的风险降至最低。同时，迭代式发展可以在保持原有价值体系前提下拓展和构建平台能力，实现企业近期和远期目标间的平衡。最后，迭代式发展可以迅速将战略、产品、理念和组织发展等方面的成果集成到整个平台体系之中，有利于实现平台各参与方的协同发展，帮助企业实现规模扩张。

展望未来

从长远发展来看，企业将成为一个更加无边界的平台化组织，以抵御无法承受的技术冲击力和市场破坏力。无边界的组织加速数据和信息的流通，加速人员的流通，及时纠正人和资源的错配，及时释放巨大的人力与经济潜力，给平台带来新的活力。互联互通的竞合会降低企业的集体风险。如果资源分布更为广泛，企业就不会担心稀缺资源在商业环境的巨变中流失。边界不是风险和不确定性因素的解药，开放、互联和共赢才是企业的未来选择。

数字技术的发展，催生了全球资源数字化平台的发展，促进了企业战略性连接，便于借助丰富的全球资源，使得企业在不需要增加额外资本投入和其他成本费用的前提下就满足企业发展壮大的需求。一个加深内部资源整合，扩展全球产业链间联系的多人才结构，多元文化、多样社会资源的生态平台日益成型。过去，商业模式的历史模型建立在竞争壁垒之上，但在今天，一个适应发展趋势的成熟企业必须以数字技术为连接的大数据为基础，共同创造开放平台。

在可预见的未来，越来越多的企业将进行微粒化组织创新，不再雇用非战略性全职员工，而是因为工作需要，调动全球人力资源，临时在全世界范围内招募最适合的工作者，按价值付酬，任务完成之后，团队随即解散，这就是云工作时代。

未来的管理者，不仅要具备管理企业的专业精神，还要具备数字时代的数据能力、赋能型领导力和前瞻性的商业敏感度。**未来的平台化企业**，将是一个具有开放性和多元化特点的共创共生生态平台，以数据能力、社会资源整合能力、快速迭代的技术能力为"万有引力"，吸引无数个体人才和微粒组织进行聚合和裂变，不仅赋能个体实现自我价值，而且赋能更多企业实现快速发展与规模化，创造更大的社会价值。

管理从20世纪伊始走进历史的聚光灯下，至今已百年有余。每个时代都产生了不少优秀的管理思想和方法。平台化管理适应了现今以数字技术为中心、以人为本的新时代管理思想。我们期待更多卓越的企业将平台化管理思想逐步落实……

致　　谢

在本书的创作过程中，我们得到了很多人的帮助、支持和鼓励。首先，我们感谢与我们分享成功经验和失败教训的中外企业家和高管朋友们。你们提供的案例使此书真实生动，有理论、有实据。其次，我们感谢本书的工作团队，尤其是姚奕女士、赵筠博士、赵雨润博士、唐逸女士、仲进先生、樊劼女士和张菱女士。你们的努力和付出让这本书得以更好地呈现给读者。最后，我们要感谢默默支持我们的家人，你们的支持和理解让我们有动力，历经两年七稿，专注地完成此书。

忻榕　陈威如　侯正宇

2019 年 8 月 30 日于上海

管理人不可不读的经典
"华章经典·管理"丛书

书 名	作者	作者身份
科学管理原理	弗雷德里克·泰勒 Frederick Winslow Taylor	科学管理之父
马斯洛论管理	亚伯拉罕·马斯洛 Abraham H.Maslow	人本主义心理学之父
决策是如何产生的	詹姆斯 G.马奇 James G. March	组织决策研究领域最有贡献的学者
战略管理	H.伊戈尔·安索夫 H. Igor Ansoff	战略管理奠基人
组织与管理	切斯特·巴纳德 Chester I.barnard	系统组织理论创始人
戴明的新经济观 (原书第2版)	W. 爱德华·戴明 W. Edwards Deming	质量管理之父
彼得原理	劳伦斯·彼得 Laurence J.Peter	现代层级组织学的奠基人
工业管理与一般管理	亨利·法约尔 Henri Fayol	现代经营管理之父
Z理论	威廉 大内 William G. Ouchi	Z理论创始人
转危为安	W.爱德华·戴明 William Edwards Deming	质量管理之父
管理行为	赫伯特 A. 西蒙 Herbert A.Simon	诺贝尔经济学奖得主
经理人员的职能	切斯特 I.巴纳德 Chester I.Barnard	系统组织理论创始人
组织	詹姆斯·马奇 James G. March	组织决策研究领域最有贡献的学者
论领导力	詹姆斯·马奇 James G. March	组织决策研究领域最有贡献的学者
福列特论管理	玛丽·帕克·福列特 Mary Parker Follett	管理理论之母

最新版

"日本经营之圣"稻盛和夫经营学系列

任正非、张瑞敏、孙正义、俞敏洪、陈春花、杨国安　联袂推荐

序号	书号	书名	作者
1	9787111635574	干法	【日】稻盛和夫
2	9787111590095	干法（口袋版）	【日】稻盛和夫
3	9787111599531	干法（图解版）	【日】稻盛和夫
4	9787111498247	干法（精装）	【日】稻盛和夫
5	9787111470250	领导者的资质	【日】稻盛和夫
6	9787111634386	领导者的资质（口袋版）	【日】稻盛和夫
7	9787111502197	阿米巴经营（实战篇）	【日】森田直行
8	9787111489146	调动员工积极性的七个关键	【日】稻盛和夫
9	9787111546382	敬天爱人：从零开始的挑战	【日】稻盛和夫
10	9787111542964	匠人匠心：愚直的坚持	【日】稻盛和夫 山中伸弥
11	9787111572121	稻盛和夫谈经营：创造高收益与商业拓展	【日】稻盛和夫
12	9787111572138	稻盛和夫谈经营：人才培养与企业传承	【日】稻盛和夫
13	9787111590934	稻盛和夫经营学	【日】稻盛和夫
14	9787111631576	稻盛和夫经营学（口袋版）	【日】稻盛和夫
15	9787111596363	稻盛和夫哲学精要	【日】稻盛和夫
16	9787111593034	稻盛哲学为什么激励人：擅用脑科学，带出好团队	【日】岩崎一郎
17	9787111510215	拯救人类的哲学	【日】稻盛和夫 梅原猛
18	9787111642619	六项精进实践	【日】村田忠嗣
19	9787111616856	经营十二条实践	【日】村田忠嗣
20	9787111679622	会计七原则实践	【日】村田忠嗣
21	9787111666547	信任员工：用爱经营，构筑信赖的伙伴关系	【日】宫田博文
22	9787111639992	与万物共生：低碳社会的发展观	【日】稻盛和夫
23	9787111660767	与自然和谐：低碳社会的环境观	【日】稻盛和夫
24	9787111705710	稻盛和夫如是说	【日】稻盛和夫